一本通系列

企业
纳税操作

一 本 通
master

魏国升 编著

中华工商联合出版社

图书在版编目（CIP）数据

企业纳税操作一本通／魏国升编著.—北京：中华工商联合出版社，2020.7
ISBN 978 - 7 - 5158 - 2767 - 4

Ⅰ.①企… Ⅱ.①魏… Ⅲ.①企业管理－税收管理－中国 Ⅳ.①F812.423

中国版本图书馆 CIP 数据核字（2020）第 126835 号

企业纳税操作一本通

作　　者：魏国升
出 品 人：刘　刚
策划编辑：付德华
责任编辑：楼燕青
封面设计：子　时
版式设计：北京东方视点数据技术有限公司
责任审读：于建廷
责任印制：陈德松
出版发行：中华工商联合出版社有限责任公司
印　　刷：盛大（天津）印刷有限公司
版　　次：2020 年 9 月第 1 版
印　　次：2024 年 1 月第 3 次印刷
开　　本：710mm×1020mm　1/16
字　　数：160 千字
印　　张：10.25
书　　号：ISBN 978 - 7 - 5158 - 2767 - 4
定　　价：68.00 元

服务热线：010 - 58301130 - 0（前台）
销售热线：010 - 58302977（网店部）
　　　　　010 - 58302166（门店部）
　　　　　010 - 58302837（馆配部、新媒体部）
　　　　　010 - 58302813（团购部）
地址邮编：北京市西城区西环广场 A 座
　　　　　19 - 20 层，100044
http://www.chgslcbs.cn
投稿热线：010 - 58302907（总编室）
投稿邮箱：1621239583@qq.com

前　言

节税不是偷税，是规避风险、合理筹划！

节税的重要意义在于帮助纳税人合理合法地减轻税费负担，可操作性极为重要。如今的税收征管制度越来越趋于严格和规范化，但是作为企业，可以在法律允许的范围内，对企业的经营、投资、组织和交易等各项涉税活动进行事前筹划，达到合法规避或减少企业税收支出的目的，这就是节税。节税是符合国家法律法规的，是国家鼓励的一种合法的手段。

相对而言，节税是一种低风险高报酬的投资。只要花点时间掌握节税的知识和要点，就可以为企业节省下可观的税收，从而获得一定的节税收益。节税的基本手段就是充分运用国家出台的各项税收优惠政策。

本书共分为八个章节，主要从服务业的概念和税制、服务企业增值税的节税优化设计、服务企业企业所得税的节税优化设计、服务企业个人所得税的节税优化设计、服务企业印花税的节税优化设计、服务企业房产税的节税优化设计、服务企业城建税的节税优化设计和服务企业其他税收的节税优化设计几个方面进行讲解。本着节税的宗旨，本书列举了大量案例，结合税法条例，对不同税种的税收筹划做了详尽的解释和说明，内容丰富翔实，具有很强的实用性和可操作性，对企业财务人员的具体工作有很大的帮助。

本书是一本即查即用的企业节税实务操作指南，根据中国的税收环境，将理论与实际紧密结合起来。本书条理清晰、重点突出、内容丰富，将企业的节税筹划实务提高到了新的高度，并结合原有的税务处理方法，及时更新调整合理节税实施技巧，符合企业发展的要求和自身效益最大化的追求。

本书具有以下四个特点：

1. 权威性

本书的编写者均为具有多年基层实际工作经验的财会人员，一直致力于税法应用研究。本书介绍的节税方案完全是在法律允许的范围内进行的，纳税人按照本书介绍的方法进行节税筹划，完全符合法律的规定。

2. 体系完整，内容详尽

本书全面系统地讲解了服务企业在纳税中的各种节税设计方案，完全符合读者的要求，力求做到相关内容全面、解释准确到位、表格简单实用、案例清晰易懂。

3. 实用性、操作性强

注意将理论与实际相结合，以操作性的节税实务为主，本书的节税方案全部来自现实生活，所以可以直接应用到现实生活中去，具有非常强的实用性。

4. 简洁明了

本书的纳税节税重在方法的阐述和操作步骤的介绍，不深究相应的理论基础，主要方法均通过典型的案例予以讲解，让普通纳税人一看就懂。

感谢广大读者朋友的信任和支持，虽然我们尽了最大的努力，力求做到内容完整、准确，运用起来得心应手，但由于时间、精力和水平所限，若书中存在不足之处，诚挚地欢迎广大读者批评指正，与我们共同探讨、改进！

编者

2020 年 1 月

目 录

第一章　深入了解，奠定基础——服务企业的概念和税制

第一节　服务企业的概述

一、服务企业的概念和特征

（一）服务企业的概念

服务业是国民经济中第三产业的重要组成部分，它一般是指利用一定的场所、设备和工具提供服务劳动的行业。它的经营方式多样，服务项目繁多，而且所提供的往往是带有一定技艺的服务性劳动。

现代服务业，也称生产性服务业、知识服务业、新兴服务业等。一般认为服务业即指生产和销售服务产品的生产部门和企业的集合。服务产品与其他产业产品相比，具有非实物性、不可储存性和生产与消费同时性等特征。在我国国民经济核算实际工作中，将服务业视同为第三产业，即将服务业定义为除农业、工业之外的其他所有产业部门。

一般认为，服务业即指生产和销售服务商品的生产部门和企业的集合，泛指旅游、娱乐、文化、艺术、教育、科技和政府活动等以提供非物质产品为主的部门或行业。但就其本质而言，"服务业"是与"服务"紧密相连的，其特征也以"服务"的特性为基础。

服务业与第三产业的区别，可以从以下 4 个方面进行概括，具体如表1-1 所示。

表1-1　服务业与第三产业的区别

区别	服务业	第三产业
包括的行业数量不同	服务业是指第三产业中除政府部门、公检法之外的行业	包括的行业比服务业多

1

区别	服务业	第三产业
界定的方法不同	采用的是剩余法	以其能否提供生产服务为标准
分类的出发点不同	以经济系统的需求为思想基础，重视同其他产业的关系	出发点是经济体系的供给分类，只重视产业间的单向关系
市场范围不同	服务业概念的经济结构含义则面向国内和国际两个市场	第三产业概念的经济结构含义主要面对国内市场

（二）服务业的特征

服务业经济活动最基本的特点是服务产品的生产、交换和消费紧密结合。由此而形成了其经营上的以下3个特点。

1. 范围广泛

由于服务业对社会生产、流通、消费所需要的服务产品都应当经营，因此，在经营品种上没有限制。服务业可以在任何地方开展业务，因而也没有地域上的限制。在社会分工中，是经营路子最宽、活动范围最广的行业。

2. "生产、销售、消费"三个环节同时进行

因为服务企业的"产品"不是以实物形态独立存在的，从而决定了不能像制造企业那样可以先行生产，然后储存，再进行销售，而是在生产过程中即被消费，不存在与生产过程相分离的产品销售过程与消费过程。

服务过程就是消费过程。例如，美容、理发、沐浴使人们得以达到修饰整洁的目的，服务结束，消费也就终止了。有些服务业，如照相、洗染、修理等行业，除了具有服务的职能外，还有加工生产的职能，但它又不同于一般的生产加工企业，它是边生产边销售，其生产过程短且直接与消费者见面，因此，服务经营业务同时具有生产、服务、销售三项职能。

3. 分散性和地方性较大

服务业多数直接为消费者服务，而消费是分散进行的，因此服务业一般实行分散经营。各地的自然条件和社会条件不同，经济、文化发展也有一定的差别，特别是一些为生活服务的行业，地方色彩浓厚，因而服务业又具有

较强的地方性。

节　税　锦　言

　　在学术界和产业界中，对服务业的共识就是：现代服务业是在工业化比较发达的阶段产生的，主要依托信息技术和现代化管理理念发展起来的，信息和知识相对密集的服务业与传统服务相比，具有智力要素密集度高、产出附加值高、资源消耗少、环境污染少等特点。

二、服务企业的基本分类和范围

（一）服务业的基本分类

服务业是一个包含行业极多的产业，根据不同的侧重，对服务业的分类方法也不尽相同。目前，对服务业的分类主要有以下 4 种方法。

1. 按照服务业产生的时间顺序分类

按照服务业产生的时间顺序分类，服务业可分为传统服务业与现代服务业。

传统服务业是指为人们日常生活提供各种服务的行业，如商贸业、餐饮业、住宿业、旅游业。而现代服务业是指在一个国家或地区的产业结构中基于传统服务业改造升级而形成的新型服务业体系，体现为整个服务业在国民经济和就业人口中的重要地位以及服务业的高度信息化水平等方面，发展上呈现新技术、新业态和新方式的"三新"态势，具有资源消耗少、环境污染小的优点，是地区综合竞争力和现代化水平的重要标志。

2. 按照服务消费的角度分类

按照服务消费的角度分类，服务业可分为生产性服务业与生活性服务业。

生产性服务业是指那些为进一步生产或者最终消费而提供服务的中间投入，一般包括对生产、商务活动和政府管理而非直接为最终消费者提供的服务，主要包括金融、物流、会展、中介咨询、信息服务、软件外包、科技研发、创意、教育培训等服务行业；生活性服务业主要是指直接满足人们生活需要的服务行业，主要包括商贸、旅游、房地产、社区养老服务、就业服务、家政、物业管理服务、医疗服务、休闲娱乐服务、体育健身服务。

3. 按照服务的功能分类

按照服务的功能分类，服务业可分为流通服务业、生产服务业、社会服务业和个人服务业。

4.按照联合国和世界贸易组织分类

按照联合国和世界贸易组织的分类方法，服务业可分为交通运输业、文化体育业、娱乐业、代理业、旅店业、饮食业、旅游业、仓储业、租赁业、广告业及其他服务业等十一大类。

（二）服务业的范围

在国民经济核算的实际工作中一般将服务业视同第三产业。在国民经济行业分类中包括除了农业、工业、建筑业（国民经济行业分类细分为农业，采矿业，制造业，电力、燃料及水的生产和供应业，建筑业等五大实物商品生产部门）之外的所有其他十五个产业部门，即交通运输、仓储和邮政业；信息传输、计算机服务和软件业；批发和零售业；住宿和餐饮业；金融业；房地产业；租赁和商务服务业；科学研究、技术服务和地质勘查业；水利、环境和公共设施管理业；居民服务和其他服务业；教育；卫生、社会保障和社会福利业；文化、体育和娱乐业；公共管理和社会组织；国际组织。

第二节　服务企业的税制

一、了解服务企业的税制改革

2016年5月1日"营改增"在全国范围内试行，这是我国经济转型的切入口，促进了"营改增"中四大行业结构的优化和升级。该项税制改革避免了产业链内多环节重复课税，充分体现了增值税的优点。

"营改增"是我国企业流转税内部的一次重大变革，其核心目标是减轻企业税负，调整经济结构，从而带动相关产业发展，尤其是在生活服务业方面，能够规范生活服务业的会计处理和税务制度，建立与其他行业往来中进销业务的统一税制，把增值税的优点引入现代服务业，从而实现全面"营改增"。

二、服务企业应缴纳的主要税种

服务业的生产和经营活动涉及社会经济生活的方方面面。按其经营活动内容、特点分析，服务业主要涉及缴纳增值税、企业所得税、个人所得税，还涉及城镇土地使用税、房产税、城市维护建设税、教育费附加和印花税等。

服务企业在其经营过程中，取得收益时需缴纳企业所得税，出售应税商品和劳务时需缴纳增值税，购置车辆时需缴纳车辆购置税，有偿转让房产并获得增值额时需缴纳土地增值税，拥有城镇土地使用权的需按年缴纳城镇土地使用税，企业拥有并使用车船的需缴纳车船税，签订有关合同时需缴纳印花税等。

（一）增值税

2016 年 5 月 1 日起，占中国全部营业税规模 80% 以上的 4 个行业将改征增值税，它们分别是房地产业、金融业、建筑业和生活服务业。

1. 金融业

金融业适用一般计税方法，税率为 6%；同业拆借不征收增值税，存款利息费用不得扣除；金融商品买卖按差额纳税；融资租赁与金融业合并；贷款利息不得抵扣进项税额。

2. 房地产业

土地出让金允许从销售额中减除；老项目按 5% 的征收率缴纳增值税；房地产开发企业可选择按 5% 征收率纳税；新建不动产项目按 3% 预征；销售存量房产按差价 5% 缴纳增值税；个人转让二手房两年以上免税，两年以下按 5% 征收率；不动产租赁税率为 11%；存量房产采用 5% 征收率纳税。

3. 建筑业

老项目标准可以按建筑项目施工许可与施工合同；老项目可以适用简易征税 3%；清包工可以适用简易征税 3%；甲供工程可以适用简易征税 3%；预征率 2%；项目所在地扣除分包款后按差额预征增值税。

4. 生活服务业

代理服务新旧合并统称经纪代理；代理服务按差额销售额计税；旅游服务按差额销售额计税。

5. 其他热点问题

土地使用权转让税率 6%；不动产可以分两年抵扣；融资租赁不动产不得抵扣；外购餐饮、娱乐服务不得抵扣；外购居民日常服务不得抵扣进项税。

（二）企业所得税

服务业的所得扣除成本、费用、损失后的余额按照25%缴纳企业所得税。

（三）个人所得税

个人所得税的征收方式可分为按月计征和按年计征。个体工商户的生产、经营所得，对企业事业单位的承包经营、承租经营所得，特定行业的工资、薪金所得，从中国境外取得的所得，实行按年计征应纳税额，其他所得应纳税额实行按月计征。

（四）城建税、教育费附加

依实际缴纳的增值税额缴纳7%的城建税和3%的教育费附加。

（五）印花税

当服务企业发生应税劳务时，应缴纳印花税。

印花税是采取列举的办法，《印花税税目税率表》列举的行为或项目应当缴纳印花税，没有列举的不征收印花税。 由于服务业的范围较广，如果是加工、修理、修配业务或广告业、印刷业服务、测绘、测试服务，应当按照收入额乘以0.05%税率计算缴纳。如果属于技术服务、技术咨询应当按照收入额乘以0.03%税率计算缴纳。其他服务性业务税法没有列举，不征收印花税。

第三节 节税的意义

一、认识节税

节税一般是指纳税人采用合法的手段以纳税最优化为目的，在纳税决策中所做的抉择。所谓节税，有狭义和广义之分。

从狭义上说，通常仅指税收优惠政策利用，即节税是指纳税人在税法规定的范畴内，当存在着多种税收政策和计税方法可供选择时，以税负最低为目标，对自身经济活动安排进行的涉税选择行为。狭义的节税是指积极性的节税策略的运用，即一个经济个体在做经济上的决策时，如有两种或两种以上的合法的途径可达到目的，在仅考虑税收影响因素情况下，选择其中最有利的途径，借以少缴或免缴税收的行为。积极性的节税具有事先策划的性质。

从广义上说，节税就是指纳税人为减轻自身税负而依法进行的各种涉税选择与税务管理行为。广义的节税除了积极性的节税策略运用外，还包括消极性节税及税收优惠政策的适用。这里所谓的消极性节税，是指纳税人尽量减少疏忽或错误，以避免因行为不合税法的规定而遭受处罚或缴纳原本可不必缴纳的税收。

积极性节税是原本应缴纳税收或缴纳较多的税收，经过节税策略的运用，在多种途径中选择最有利于自己的途径，最终减少纳税或免予纳税。消极性的节税则是依税法规定原本不需缴纳的税收或可少缴税以及不必受处罚，但因纳税人行为疏忽造成需缴或多缴税以及遭受处罚，这对纳税人不利，因此纳税人应尽量减少疏忽或错误，使上述"不利"情况尽量不发生。

从更全面的意义上说，所谓节税是指纳税人利用合法手段，通过事先的深入研究、科学分析与测算，对自身的纳税行为进行科学的规划和周密的计划安排，并对自身涉税业务的全过程进行严格管理和有效监控，以实现减轻税负、避免受到税收惩罚的微观税务管理行为。

在税法规定的范围内，当存在着许多纳税方案选择时，纳税人应以税负最低的方式来处理财务、经营、交易事项。

节 税 锦 言

其实，税法有许多优惠性条款，能否利用这些优惠取决于企业自身的选择；税法有很多弹性条款，企业是否懂得科学利用在于自身对这些条款的熟悉与理解程度；税法有许多惩罚性条款，能否免受惩罚在于企业自身能否约束自己的涉税行为。总之，企业税负成本能否在合法的前提下得以有效降低，在于企业税务管理的水平。

二、节税与避税和偷税的区别

纳税人为了不缴税或少缴税，通常会采取不同方式和方法，如节税、避税与偷税。三者的共同点：一是主体相同，都是纳税人所为；二是目的相同，都是纳税人想减少纳税义务，达到不缴税或少缴税的目的；三是都处在同一税收征管环境中和同一个税收法规环境中。

节税往往容易与这两种减轻税收负担的途径相混淆，因此要正确理解节税，必须划清它与避税和偷税的界限。

（一）从概念分析

从概念上可以看出，节税是企业通过合法合理的手段获得税收收益的行为。避税是企业利用税法中的漏洞或缺陷，巧妙地安排自己的生产经营活动，以减少本应承担的应纳税额，谋取不正当的税收收益的行为。偷税是企业采取伪造、变造、隐匿、擅自销毁账簿、记账凭证，或者在账簿上多列支出或者不列、少列收入，或者经税务机关通知申报而拒不申报或进行虚假的纳税申报，不缴或少缴应纳税款的行为。

（二）从法律和道德的角度分析

偷税是违法的，也是不道德的；避税虽然不违法，但与政府税法的立法精神相违背，有悖于道德的要求；节税既与税法不相违背，也符合道德规范，甚至是税收政策予以引导和鼓励的。

（三）从行为过程和后果分析

偷税是通过违法手段将应税行为转变为非应税行为，从而直接逃避应承担的纳税义务；避税是企业将介于应税行为与非应税行为之间的一些模糊行为，进行一系列的人为安排，使之被确认为非应税行为；节税是通过避免应税行为的发生或事先以轻税替代重税，以获取税收收益的行为。

偷税和避税直接导致政府当期预算收入的减少，无助于财政收入的长期增长，有碍于政府职能的实现；节税一般不会导致政府当期预算收入的减少，通过国家对宏观经济结构的合理调整，有利于国家财政收入长期稳定增长。

（四）从纳税人采用的手段分析

偷税是采用伪造、涂改、销毁账簿、凭证，虚列或多列成本费用，隐瞒、少报营业收入等欺诈、隐匿、虚报手段来实现的；避税是利用税法所存在的漏洞，通过钻税法的空子来实现的；而节税则是对多种纳税方案进行精心比较后，采用税负最低的方案，使自己进入纳税低位区，从而达到减轻税负的目的，是生产经营最优决策在税收方面的具体表现。

（五）从税务机关应采取的政策和处理方式分析

对于偷税者，税务机关应依据税法规定予以严惩，情节严重构成犯罪的，还会追究其刑事责任。对于避税则要采用反避税措施，即通过修改完善税法，堵塞漏洞；通过提高征管水平，减少避税者的可乘之机。对于节税，因其符合税收政策导向，税务机关则会予以保护。

节 税 锦 言

节税、避税与偷税之间往往可以相互转化，有时界限难以准确界定。不同的国家对同一经济活动内容有着不同的规定，同一经济活动在一国是合法节税，在另一国可能就是避税，即使在同一国家，随着时间的推移，三者之间也可能相互转化，因此，对三者的划分应结合不同时间和空间进行分析。

三、节税的原理

节税原理又可细分为绝对节税原理、相对节税原理、风险节税原理、组合节税原理和模糊节税原理等多种。

（一）绝对节税原理

绝对节税原理是指使纳税绝对总额减少的原理，它又分为直接节税原理和间接节税原理。绝对节税原理很简单，即在各种可供选择的纳税方案中，选择缴纳税款数额最少的方案。

1. 直接节税原理

直接节税指直接减少某一个纳税人税收绝对额的节税。

【例1-1】甲服务公司是一个年不含税销售额保持在40万元左右的生产性服务企业，公司年不含税外购货物为30万元左右，如果公司作为小规模纳税人的增值税适用税率是6%，申请成为一般纳税人的增值税适用税率是17%，公司可供选择的纳税方案分析如下：

方案一：小规模纳税人

应纳增值税税额 = 40 × 6% = 2.4（万元）

方案二：一般纳税人

应纳增值税税额 = 40 × 17% − 30 × 17% = 1.7（万元）

两个方案比较下来，方案二可以比方案一节减税收0.7万元。因此，如果情况允许，纳税人应该健全财务和会计核算制度，申请成为一般纳税人。

上面的例子是横向绝对节税原理的例子，纵向绝对节税的原理也是一样的，先设计出多个可选择的节税方案，然后进行比较，看哪个方案节减的税额最多，就选择哪个方案。

2. 间接节税原理

间接节税指某一个纳税人的税收绝对额没有减少，但这个纳税人的税收客体所负担的税收绝对额减少，间接减少了另一个或一些纳税人税收绝对额的节税。

【例1-2】王先生拥有财产4000万元，他有一个儿子，一个孙子。他的儿子和孙子都很富有。这个国家的遗产税税率为50％。那么，如何进行遗产分配才能税负最轻？

方案一：

老人将遗产赠给儿子，儿子再遗赠给孙子，其应纳税额为 $4\,000 \times 50\% + 2\,000 \times 50\% = 3\,000$ （万元）。

方案二：

考虑到其儿子已经很富有，直接将财产遗赠给孙子，其应纳税额为 $4\,000 \times 50\% = 2\,000$ （万元），间接节减的纳税绝对总额 $= 3\,000 - 2\,000 = 1\,000$ （万元）

（二）风险节税原理

绝对节税和相对节税原理都是基于无风险节税考虑，即没有风险或不用考虑风险。实际上，无论是绝对节税还是相对节税，都有一定的风险。

风险节税是指在一定时期和一定环境条件下，把风险降到最低限度去获取超过一般节税所节减的税额。风险节税主要是考虑了节税的风险价值，它与绝对节税原理、相对节税原理并行不悖。风险节税原理又分为确定性风险节税原理和不确定性风险节税原理。

1. 确定性风险节税原理

节税风险有些具有一定的确定性。比如，各国的税收优惠、各国的税率差异等。此外，各国的税制变化、经济周期、市场利率、通货膨胀、企业本身的发展和收益变动幅度等都有一定的确定性。

将这些确定性风险因素在节税时作为一个定量考虑进去，那么，我们就把这种风险节税称为确定性风险节税。

在确定性风险节税中，一般根据以往的数据和经验，运用概率论来量化风险，用计算期望值的方法来选择节税方案。

【例1-3】假定由于确定性风险因素，甲服务企业纳税人的两个节税方案如下所述。

方案一：第一年要缴纳所得税200万元的概率为30%，缴纳所得税240万元的概率为50%，缴纳所得税300万元的概率为20%；第二年要缴纳所得税240万元的概率为20%，缴纳所得税300万元的概率为40%，缴纳所得税360万元的概率为40%；第三年要缴纳所得税300万元的概率为20%，缴纳所得税360万元的概率为60%，缴纳所得税400万元的概率为20%。

方案二：第一年要缴纳所得税120万元的概率为40%，缴纳所得税160万元的概率为40%，缴纳所得税200万元的概率为20%；第二年要缴纳所得税160万元的概率为20%，缴纳所得税200万元的概率为50%，缴纳所得税240万元的概率为30%；第三年要缴纳所得税360万元的概率为30%，缴纳所得税400万元的概率为60%，缴纳所得税440万元的概率为10%。

甲企业年目标投资收益率为10%，纳税人采用不同方案在一定时期所取得的税前所得相同。那么，在同时考虑货币时间价值的情况下，我们应该选择的最佳节税方案如下所述。

（1）分别计算采用节税方案后，三年的税负期望值

方案一：第一年的税负期望值=200×30%+240×50%+300×20%=240（万元）

第二年的税负期望值=240×20%+300×40%+360×40%=312（万元）

第三年的税负期望值=300×20%+360×60%+400×20%=356（万元）

方案二：第一年的税负期望值=120×40%+160×40%+200×20%=152（万元）

第二年的税负期望值=160×20%+200×50%+240×30%=204（万元）

第三年的税负期望值=360×30%+400×60%+440×10%=392（万元）

（2）折算税负期望值的现时价值

方案一的期望税负现值=［240/（1+10%）］+［312/（1+10%）^{2}］+［356/（1+10%）^{3}］=743.5（万元）

方案二的期望税负现值=［152/（1+10%）］+［204/（1+10%）^{2}］+［392/（1+10%）^{3}］=601.3（万元）

（3）计算考虑确定性风险因素情况下方案二比方案一节减的税额

方案二比方案一节减的税额=743.5-601.3=142.2（万元）

这样，通过计算可使各个可供选择的节税方案中的确定性风险因素数量

化，以此作为节税的依据。此例中，我们应该选择方案二，因为它比方案一节减了 142.2 万元的税额。

2. 不确定性风险节税原理

在现实生活中，许多节税存在着不确定性风险。比如，国际节税中的汇率问题就有很大的不确定性，很难有人能够正确地预测出汇率的变化，跨国节减的税额很可能由于汇率变化而完全抵消，甚至增加税收。

对于节税的不确定性因素，通常的做法是用主观概率来计算其风险程度和风险价值，首先通过主观概率把不确定性因素转化为确定性因素，然后再进行定量分析。主观概率是指在没有大量历史数据资料和实际经验的情况下，人们根据有限的资料和经验合理地估计随机事件发生可能性大小的数值。

（三）相对节税原理

相对节税是指一定时期的纳税总额并没有减少，但因各个纳税期纳税额的变化而增加了收益，从而相当于冲减了税收，使纳税总额相对减少。

相对节税主要是考虑了货币时间价值。货币时间价值是指货币在周转使用中，由于时间因素而形成增值。通常使用的手段有推迟实现应税所得或提前列支扣除项目，这样推迟了税款的缴纳，相当于取得一笔政府无息贷款，可以使纳税人在本期有更多的资金用于投资和经营活动，将来可以获得更大的投资收益，相对节减了税额。

【例1-4】甲企业进口了一条生产线，安装完毕后，固定资产原值为 40 万元，会计制度规定预计使用年限为 5～8 年，预计净残值为 1.6 万元，采用直线法计提折旧。假定该企业资金成本为 10%，如按 8 年折旧期计提折旧，则年固定资产折旧额 =（400 000-16 000）/8=48 000（元），则当年节约所得税 =48 000×25%=12 000（元）如果企业将折旧的年限定为 5 年，则年固定资产折旧额 =（400 000-16 000）/5=76 800（元），则当年节约所得税 =76 800×25%=19 200（元）。尽管折旧期限的改变并未影响到企业所得税税负的总和，但考虑到资金的时间价值，采用较短的折旧年限折旧，对企业更有利。

（四）组合节税原理

组合节税是指在一定时期和一定环境条件下，通过多种节税技术组合使节税总额最大化、节税风险最小化。

组合节税风险通过计算组合节税标准离差求得。计算组合节税标准离差，不像计算组合节税期望值（率）那样采用加权平均法。一种节税技术的风险与另一种节税技术的风险，往往会不同程度地互相抵消，使多种节税技术的风险低于各种节税技术风险的加权平均值。因此，要运用统计知识通过上面所提到的相关系数来计算。

多种节税技术组合的原则是：组合节税期望值越大越好，组合节税标准离差越小越好，各种节税技术的相关系数越小越好。因为相关系数越小，反映组合节税风险程度的组合节税标准离差也越小。

（五）模糊节税原理

模糊理论承认模糊，承认中介状态，从中介状态中寻找非中介倾向性，意义非常重大，它使事物的模糊现象清晰化、数量化、合理化，这一新的思维逻辑很快被运用到诸多管理决策领域，包括财务管理决策和税收筹划决策。这种节税目标、节税条件、节税方式、节税风险等不具有内在确定性，呈现模糊特征，需要用模糊决策来筹划节税的，称为模糊型节税。模糊型节税原理运用系统论、信息论、控制论以及概率统计等专业知识，通过节税函数寻求最优节税途径。

四、节税的条件

企业虽然都希望少缴税以节约成本，提高效益，但并不是任何企业都能进行节税筹划的。企业自身需符合一定的条件，才能更好地进行筹划，从而真正达到节税的目的。

节税是有条件的。节税的条件是指影响节税发生、存在或发展的因素。也就是说，只有具备这些因素中的一个或几个才有节税的可能。节税的条件，就是节税的途径。

节税的条件，有主观条件和客观条件之分。主观条件和客观条件皆满足者，节税即可达成。有主观条件，而无客观条件者，无法节税；有客观条件，而无主观条件者，无节税动力，"有金无人捡"。

（一）要根据企业的基本情况进行节税

企业的组织形式不同，其税务待遇也不同。要根据本企业的具体形式，设计有针对性的筹划方案。

（二）投资方向节税

投资意向对节税的影响也很大，投资国家鼓励类产业可以享受税收优惠节税筹划对企业投资的影响至关重要。

（三）企业法定代表人的情况

虽然这涉及个人隐私，但如果能对其文化水平、政策水平、开拓精神、风险态度等方面有所了解，可以知晓企业今后的发展方向以及市场占有等方面的情况，这对企业节税筹划很有必要。此外，这也有助于对企业法定代表人的个人所得税进行筹划。

（四）节税人员良好的职业道德

节税筹划主要靠筹划人员去实现，而筹划人员必须要了解税法、会计法、审计法及相关法律法规等专业知识，也要了解国际惯例。要有娴熟的会计处理技巧和丰富的税务经验，懂得如何用好用活税收政策。节税筹划人员进行节税筹划时，必须遵纪守法、诚信自律，任何违反法律的行为都会受到相应的惩罚或制裁。因此，节税筹划人员必须在遵守国家法律、法规的前提下，全心全意地为企业提供完整的节税筹划服务，只有这样，节税筹划的代理面才会越来越大。

五、节税的要素

有了节税的条件，并不等于就可以节税，它只预示着节税的可能性。若要把节税的可能性变成现实，就需要一定的方法，这就是节税的要素。节税的要素，是构成节税的必要因数或是引起应纳税额发生变化的因数，也就是节税的基本方法。在一个纳税筹划中，可以只利用某一种节税要素，也可以同时利用几种节税要素。各节税要素之和，就构成了节税概念的总体。

节税要素，不仅表现在显性税收方面，隐性税收方面也有，还有税收套利等。节税要素主要有税基式节税要素、递延式节税要素、税率式节税要素和税额式节税要素。

（一）税基式节税要素

在中国，税基通常又被称为计税依据。税基包括实物量和价值量两类。前者以征税对象的自然实物量作为计税依据，加重量、体积、面积、数目等；后者以征税对象的自然数量与单位价格的乘积作为计税依据，如销售额、营业额等。当然，增值额、所得额、财产额、转移额等也是以价值量来表现的税基。

税基式节税要素包括不在课税范围之内、缩小税基和调节税基、利用或增加减除项目、盈亏互抵和费用加成等。

（二）税率式节税要素

税率是应纳税额与课税对象之间的比率，即计算税额的百分比。中国的现行税制采用的税率主要有三种：比例税率、累进税率和固定税率。

税率式节税是指纳税人通过一定的合法途径，使其所拥有的课税对象直接适用于较低的税率计税，以达到减轻税收负担的目的。引起这种节税行为的外部原因，主要在于课税的地区、行业存在差异，实行不同的税收待遇。

税率式节税要素包括税种的选择、纳税人的选择和降低税率或适用较低税率等以及增加减免税项目（以税率表现）和税收抵免（以税率表现）等。

（三）递延式节税要素

依法允许现在的税收到将来缴纳，使纳税人从中得到了免除资金成本的好处，从而产生了递延式节税要素。这是由纳税期间引起的。递延式节税要素包括税收递延、加速折旧、加速摊销和税收套利等。

（四）税额式节税要素

税额式节税常常与税收优惠中的全部免征或减免相联系。纳税人本来不符合免税或减半征税条件，但是通过转变经济性质或是改变内部组织结构等办法，使自己符合免税或减半征税的条件，从而减轻税收负担或解除纳税义务。

税额式节税要素是指纳税人通过直接减少其应纳税额的方式而达成节税的因素。它包括利用或增加减免税项目（以税额表现）、增加扣抵税额、积极善用退税规定、税收抵免（以税额表现）和税收饶让等节税要素。税额式节税要素实质上是政府的税额式税收优惠政策的体现或税额式税式支出。

税额式节税要素的特点是节税的税额比较直接而明确，且无须通过税基与税率的复杂计算即可得出。

节 税 锦 言

　　在节税的过程中，各节税要素也可能相互制约。譬如，从一般意义上来说，缩小税基是节税要素，但为使节税效益为最大或更大，在纳税人享受税收假期或减免税的期间内，就不宜缩小税基，而是需要扩大税基。所以，税额式节税要素与税基式节税要素往往是不能同时使用的。

六、节税的原则和效益

（一）节税的原则

节税就是要合法、讲效益、有计划，因此，节税就必须遵循以下4个原则。

1. 合法性原则

节税是一项法律性很强的服务项目，它是在法律允许的范围内选择税负最轻的纳税方案。违背税收法律法规的纳税安排必然会受到相应的惩罚，承担应有的法律责任。因此纳税筹划人员只有深入研究各国及中国税收政策法规，全面掌握不同国家的税制结构以及中国对不同行业、不同地区的税收法规及其差异，才能用好用活用足税收政策，依法规划，保证纳税筹划的合法性，避免出现规划的重大失误。因此，坚持合法性原则是节税的首要原则。

2. 综合性原则

一方面，企业节税筹划必须着眼于企业整体税负的降低，不能只盯在个别税种的负担上，因为各个税种之间是相互关联的，一种税少缴了，另一种税可能就要多缴；另一方面，企业的节税筹划不是企业税收负担的简单比较，必须充分考虑到资金的时间价值，因为一个能降低当前税负的纳税方案可能会增加企业未来的税负，这就要求企业财务管理者在评估纳税方案时，要引进资金的时间价值观念，把不同纳税方案、同一纳税方案中不同时期的税负折算成现值来加以比较。

3. 计划原则

为了达成节税的目标，必须要有计划，这就是我们接着要介绍的纳税筹划。纳税筹划载明了进行节税以前预先拟定的具体内容和步骤。

计划包括计划、预测。由于计划是预先的管理活动，所以，在执行计划的过程中，难免会出现情况的变化，因而需要修改计划，但其仍然属于计划范畴。

4.整体性原则

节税要服从于财务管理总体目标，服务于财务决策过程。节税应始终围绕企业财务管理的总体目标来进行。节税筹划的目的在于降低企业的税收负担，但税收负担的降低并不一定带来企业总体成本的降低和收益水平的提高。

企业节税筹划是通过对企业经营的安排来实现，它直接影响到企业的投资、融资、生产经营、利润分配决策，企业的节税筹划不能独立于企业财务决策，必须服务于企业的财务决策。如果企业的节税筹划脱离企业财务决策，它必然会影响到财务决策的科学性和可行性，甚至诱导企业做出错误的财务决策。

（二）节税的效益

对纳税人而言，从传统的观念看，节税的效益，就是少缴的税额。从现代观念看，节税的效益应是企业税后利润的最大化。按表现形式来分，节税效益可分为绝对效益与相对效益。节税的绝对效益可分为直接效益与间接效益。对节税来说，其效益还有中间效益和最终效益之分。

1.节税的绝对效益

节税的绝对效益，是指纳税人通过节税规划而使其纳税总额的实际减少，其效益表现为少缴的税款。绝对效益可分为直接效益与间接效益。

2.节税的相对效益

节税的相对效益，是指纳税人在一定期限内的名义纳税总额虽然没有减少，但通过其对纳税义务在时间上的安排而延迟纳税，相对减少了实际纳税总额而获得了一笔时间价值（利息）。这种形式的节税，不能从表面上看出，而只能通过贴现计算才可以表现出来，因而相对于时间价值来说是节税的。

3.节税的直接效益

节税的直接效益，是指纳税人通过其纳税筹划而实际减少其纳税总额，所获得的效益。

4.节税的间接效益

节税的间接效益，是指通过合同在相关的纳税人之间进行交易安排，使这些纳税人的纳税总额绝对或相对减少而获得的效益。在这种情况下，个别纳税人虽然没有获得直接的节税额，但可通过利润分配或者其他形式得到转来的利益，而相应增加其税后利润。

5. 节税的中间效益

节税的中间效益，是指纳税人通过其纳税筹划而获得的效益是毛效益，即还需课征其他税收的效益。如增值税的减税免税等的节税的绝对效益和相对效益。

6. 节税的最终效益

节税的最终效益，是指纳税人通过其纳税筹划直接使其税后利润增加的效益，即净效益。如所得税的减税免税等的绝对效益和相对效益。诚然，纳税人所追求的应是最终的节税效益。

第二章 精打细算利润高——服务企业增值税的节税优化设计

第一节 增值税的概述

一、增值税的概念和特点

（一）增值税的概念

在我国，增值税是对在我国境内销售和进口货物以及提供加工、修理修配劳务的单位和个人，就其货物或劳务的增值额征收的一种税。增值税最大的特点是以增值额为课税对象。

所谓增值额，是指一定时期生产过程中新创造的价值额，就一个环节而言，增值额是产出减去投入后的余额；就一个产品而言，增值额之和就是商品价值之和。

增值税可分为生产型增值税、收入型增值税和消费型增值税3种类型。

1. 生产型增值税

生产型增值税是指在计算法定增值额时，不允许扣除外购固定资产的价值，即法定增值额＝工资＋利息＋租金＋利润＋折旧。从宏观经济学核算体系来看，这一课税基础与核算国民经济活动的核心指标——国内生产总值（GDP）大致相当，所以称为生产型增值税。

2. 收入型增值税

收入型增值税以商品销售收入（或应税劳务收入）减去用于生产经营的外购材料、燃料等生产资料的价值、劳务支出，以及用于生产、经营的固定资产的已提折旧额作为法定的增值额。

3. 消费型增值税

消费型增值税以商品销售收入（或应税劳务收入）减去用于生产经营的

外购材料、燃料等生产资料的价值，以及当期购入、用于生产应税产品（或应税劳务）的全部固定资产价值，以此作为法定的增值额。

一个国家采用哪种类型的增值税，不但要考虑增值税本身的因素，还要考虑国家的经济政策和财政需要。

（二）我国增值税的特点

1. 按增值额征税

增值税以货物和劳务的增值额为计税依据，只对货物销售或劳务收入额中属于本单位新创造的、尚未征过税的部分征税，这是与按商品销售全额、劳务收入全额征收的其他流转税之间最显著的区别。

增值税保留了传统间接税对商品和劳务的道道征税制度，一种货物或劳务从生产到最后进入消费，每经过一道生产经营环节就征收一道税。增值税在征税时只就每一个生产经营环节的销售额扣除外购商品和劳务价款后的增值额征税，从而消除了传统间接税对外购商品和劳务重复征税的弊端。

2. 逐环节征税，逐环节扣税，最终消费者是全部税款的承担者

增值税保留了传统营业税按流转额全值计税和道道征税的特点，同时实行税款抵扣制度，即在逐环节征税的同时，还实行逐环节扣税。在这里，各环节的经营者作为纳税人只是把从买方收取的税款转交给政府，而经营者本身并没有承担增值税税款。这样，随着各环节交易活动的进行，经营者在出售货物的同时也出售了该货物所承担的增值税税款，直到货物卖给了最终消费者时，货物在以前环节已纳的税款连同本环节的税款也一同转给了最终消费者。可见，增值税税负具有逐环节向前推移的特点，生产经营者作为纳税人，但并不是增值税的真正负担者，只有最终消费者才是全部税款的负担者。

3. 实行价外税

我国增值税的计税依据为不含税售价，增值税额不是价格的组成部分，不影响企业的成本核算及经济效益。

4. 对不同经营规模的纳税人采用不同的计税方法

税法将增值税的纳税人分为一般纳税人和小规模纳税人。对小规模纳税人采用简易计算法，对一般纳税人采用凭增值税专用发票抵扣进项税额的办法。

5. 税基广阔，具有征收的普遍性和连续性

无论是从横向看还是从纵向看，增值税都有着广阔的税基。从生产经营的横向关系看，无论工业、商业还是劳务、服务活动，只要有增值收入就要纳税；从生产经营的纵向关系看，每一货物无论经过多少生产经营环节，都按各环节上发生的增值额逐次征税。可见，增值税具有征收的普遍性和连续性。

二、增值税的计算

我国现行的增值税实行凭增值税专用发票、海关进口增值税专用缴款书等凭证抵扣税款的制度。其基本计税公式：

应纳税额 = 销项税额 − 进项税额

销项税额 = 销售额 × 税率

其中，销项税额指纳税人销售货物或者应税劳务按照销售额和条例规定的税率计算并向购买方收取的增值税额。

进项税额是指纳税人购进货物或者接受应税劳务所支付或者负担的增值税税额。通常就是增值税专用发票上注明的税额。

销售额是指应税销售额。

因此，增值税的计算取决于三个因素：应税销售额、税率和进项税额。

【例2-1】甲服务公司销售 A 商品200件，不含增值税单价160元，不含增值税销售额为 $200 \times 160 = 32\,000$ 元。

假设增值税税率为17%，那么 A 商品的销项税额为 $32\,000 \times 17\% = 5\,440$ 元。

购进 A 商品时，每件支付120元（含税），总金额为 $200 \times 120 = 24\,000$ 元（含税），应转换成不含税为 $24\,000 / (1+17\%) = 20\,512.82$ 元，税额为 $20\,512.82 \times 17\% = 3\,487.18$ 元。

应纳增值税税额 = 销项税额 − 进项税额 = $5\,440 - 3\,487.18 = 1\,952.82$（元）

（一）一般纳税人应纳税额的计算

目前，我国对增值税一般纳税人采用的计税方法是购进扣税法，即先按当期销售额和适用税率计算出销项税额，然后对当期购进项目已经缴纳的税款进行抵扣，从而间接计算出对当期增值额部分的应纳税额。计算公式如下：

当期应纳税额 = 当期销项税额 − 当期进项税额

当期销项税额＝当期销售额 × 适用税率

增值税一般纳税人当期应纳税额取决于当期销项税额和当期进项税额两个因素，当期销项税额的确定关键在于确定当期销售额。

1. 销项税额的计算

销项税额是指纳税人销售货物或者提供应税劳务，按照销售额或提供应税劳务收入和规定的税率计算并向购买方收取的增值税税额。其计算公式如下：

销项税额＝销售额 × 适用税率

2. 进项税额的计算

进项税额是指纳税人购进货物或应税劳务所支付或者承担的增值税税额。购进货物或应税劳务包括外购（含进口）的货物或应税劳务、以物易物换入的货物、抵偿债务收入的货物、接受投资转入的货物、接受捐赠转入的货物以及在购销货物过程当中支付的运费。

（二）小规模纳税人应纳税额的计算

1. 应纳税额的计算

小规模纳税人销售货物或者应税劳务，实行按照销售额和征收率计算应纳税额的简易办法，不得抵扣进项税额。其应纳税额的计算公式如下：

应纳税额＝销售额 × 征收率

2. 含税销售额的换算

在销售货物或应税劳务时，小规模纳税人一般只能开具普通发票，取得的销售额收入均为含税销售额。当小规模纳税人销售货物或者应税劳务采用销售额和应纳税额合并定价方法的，按下列公式计算销售额：

销售额＝含税销售额 ÷（1+ 征收率）

小规模纳税人因销售货物退回或者折让退还给购买方的销售额，应从发生销售货物退回或者折让当期的销售额中扣减。

三、增值税的征税范围

从 2016 年 5 月 1 日起，我国营业税改增值税开始实行。

（一）征收范围

营业税改增值税主要涉及范围是交通运输业和部分现代服务业。交通运输业包括陆路运输、水路运输、航空运输、管道运输。现代服务业包括研发和技术服务、信息技术服务、文化创意服务、物流辅助服务、有形动产租赁服务、鉴证咨询服务。

（二）营业税改增值税税率

1.改革之后，原来缴纳营业税的改缴纳增值税，增值税增加两档低税率6%（现代服务业）和11%（交通运输业）

根据上海试点的经验，改革之后企业的税负有所降低。营业税是按收入全额计算缴纳税金的，改成增值税之后，可以扣除一些成本及费用，实际上可以降低税负。

改革试点行业总体税负不增加或略有下降。对现行征收增值税的行业而言，无论在上海还是其他地区，由于向试点纳税人购买应税服务的进项税额可以得到抵扣，税负也将相应下降。12万户试点企业中，对3.5万户一般纳税人而言，由于引入增值税抵扣，与原营业税全额征收相比，税负会有所减少甚至大幅降低；对8.5万户小规模纳税人而言，营业税改增值税后，实行3%的征收率，较原先营业税率要低2个百分点。改革的确存在个别企业税负增加的情况。

营业税改征增值税后新增两档按照试点行业营业税实际税负测算，陆路运输、水路运输、航空运输等交通运输业转换的增值税税率水平基本在11%～15%，研发和技术服务、信息技术、文化创意、物流辅助、鉴证咨询服务等现代服务业基本在6%～10%。为使试点行业总体税负不增加，改革试点选择了11%和6%两档低税率，分别适用于交通运输业和部分现代服务业。

2.广告代理业在营业税改增值税范围内，税率为6%

广告服务，是指利用图书、报纸、杂志、广播、电视、电影、幻灯、路牌、招贴、橱窗、霓虹灯、灯箱、互联网等各种形式为客户的商品、经营服务项目、文体节目或者通告、声明等委托事项进行宣传和提供相关服务的业务活动。它包括广告的策划、设计、制作、发布、播映、宣传、展示等。

全面推开营改增后最新增值税税率表如表2-1所示。新旧增值税税率对比表如表2-2所示。

表2-1　全面推开营改增后最新增值税税率表

纳税人	应税行为	增值税税率
小规模纳税人	包括原增值税纳税人和营改增纳税人，从事货物销售，提供增值税加工，修理修配劳务以及营改增各项应税服务	3%/5%

续表

纳税人	应税行为	增值税税率
原增值税纳税人	销售或者进口货物（另有列举的货物除外）；提供加工、修理修配劳务	17%
	（1）粮食、食用植物油、鲜奶；	13%
	（2）自来水、暖气、冷气、热气、煤气、石油液化气、天然气、沼气、居民用煤炭制品；	
	（3）图书、报纸、杂志；	
	（4）饲料、化肥、农药、农机（整机）、农膜；	
	（5）国务院规定的其他货物；	
	（6）农产品（指各种动、植物初级产品）；音像制品；电子出版物；二甲醚；食用盐	
	出口货物	
营改增一般纳税人	销售服务	6%/11%/17%
	销售无形资产	6%/11%
	销售不动产	11%

附注：除部分不动产销售和租赁行为、劳务派遣适用简易计税差额的征收率为5%以外，小规模纳税人发生的应税行为以及一般纳税人发生特定应税行为，增值税征收率为3%

表2-2　新旧增值税税率对比表

中类	小类	征收品目	原来营业税税率	增值税税率
交通运输服务	陆路运输服务	铁路运输服务	3%	11%
		其他陆路运输服务		
	水路运输服务	水路运输服务		
	航空运输服务	航空运输服务		
	管道运输服务	管道运输服务		
邮政服务	邮政普遍服务	邮政普遍服务	3%	11%
	邮政特殊服务	邮政特殊服务		
	其他邮政服务	其他邮政服务		

中类	小类	征收品目	原来营业税税率	增值税税率
电信服务	基础电信服务	基础电信服务	3%	11%
	增值电信服务	增值电信服务		6%
建筑服务（新增）	工程服务	工程服务	3%	11%
	安装服务	安装服务		
	修缮服务	修缮服务		
	装饰服务	装饰服务		
	其他建筑服务	其他建筑服务		
金融服务（新增）	贷款服务	贷款服务	5%	6%
	直接收费金融服务	直接收费金融服务		
	保险服务	人寿保险服务		
		财产保险服务		
	金融商品转让	金融产品转让		
现代服务	研发和技术服务	研发服务	5%	6%
		合同能源管理服务		
		工程勘察服务		
		专业技术服务		
	信息技术服务	软件服务	5%	6%
		电路设计及测试服务		
		信息系统服务		
		业务流程管理服务		
		信息系统增值服务		
	文化创意服务（商标和著作权转让重分类至销售无形资产）	设计服务	3%或5%	6%
		知识产权服务		
		广告服务		
		会议展览服务		

中类	小类	征收品目	原来营业税税率	增值税税率
现代服务	物流辅助服务	航空服务	3%或5%	6%
		港口码头服务		
		货运客运场站服务		
		打捞救助服务		
		装卸搬运服务		
		仓储服务		
		收派服务		
	租赁服务	不动产融资租赁（新增）	5%	11%
		不动产经营租赁（新增）		
		有形动产融资租赁服务		17%
		有形动产经营租赁		
	鉴证咨询服务	认证服务	5%	6%
		鉴证服务		
		咨询服务		
	广播影视服务	广播影视节目（作品）制作服务	3%或5%	6%
		广播影视节目（作品）发行服务		
		广播影视节目（作品）播映服务		
	商务辅助服务（新增）	企业管理服务	5%	6%
		经纪代理服务		
		人力资源服务		
		安全保护服务		
	其他现代服务（新增）	其他现代服务	3%或5%	6%

续表

中类	小类	征收品目	原来营业税税率	增值税税率
生活服务（新增）	文化体育服务	文化服务	3%或5%，娱乐业5%~20%	6%
		体育服务		
	教育医疗服务	教育服务		
		医疗服务		
	旅游娱乐服务	旅游服务		
		娱乐服务		
	餐饮住宿服务	餐饮服务		
		住宿服务		
	居民日常服务	居民日常服务		
	其他生活服务	其他生活服务		
销售无形资产（新增）	专利技术和非专利技术	专利技术和非专利技术	5%	6%（除销售土地使用权适用11%）
	商标	商标		
	著作权	著作权		
	商誉	商誉		
	自然资产使用权	自然资产使用权（含土地使用权）		
	其他权益性无形资产	其他权益性无形资产		

四、增值税的纳税申报

增值税是以商品生产和流通中各环节的新增价值或者商品附加值为征税对象的一种流转税，也是国际上公认的一种透明度比较高的"中性"税收。

增值税一般纳税人纳税申报是指增值税一般纳税人依照税收法律法规规定或主管税务机关依法确定的申报期限，向主管税务机关办理增值税纳税申报的业务。增值税一般纳税人（以下简称"纳税人"）纳税申报，必须实行电子信息采集。使用防伪税控系统开具增值税专用发票的纳税人必须在抄报税成功后，方可向所在地国家税务局办税服务厅进行纳税申报。

（一）纳税申报表及其附列资料

1.增值税一般纳税人（以下简称"一般纳税人"）纳税申报表及其附列资料

其具体包括以下内容：

《增值税纳税申报表（一般纳税人适用）》；

《增值税纳税申报表附列资料（一）》（本期销售情况明细）；

《增值税纳税申报表附列资料（二）》（本期进项税额明细）；

《增值税纳税申报表附列资料（三）》（服务、不动产和无形资产扣除项目明细）；

《增值税纳税申报表附列资料（四）》（税额抵减情况表）；

《增值税纳税申报表附列资料（五）》（不动产分期抵扣计算表）；

《固定资产（不含不动产）进项税额抵扣情况表》；

《本期抵扣进项税额结构明细表》；

《增值税减免税申报明细表》。

2.明确了增值税小规模纳税人（以下简称"小规模纳税人"）纳税申报表及其附列资料

其具体包括以下内容：

《增值税纳税申报表（小规模纳税人适用）》；

《增值税纳税申报表（小规模纳税人适用）附列资料》；

《增值税减免税申报明细表》。

小规模纳税人不再填报《增值税纳税申报表附列资料（四）》（税额抵减情况表）。

3.明确了增值税纳税申报其他资料

其具体包括以下内容：

已开具的税控机动车销售统一发票和普通发票的存根联；符合抵扣条件且在本期申报抵扣的增值税专用发票（含税控机动车销售统一发票）的抵扣联；符合抵扣条件且在本期申报抵扣的海关进口增值税专用缴款书、购进农产品取得的普通发票的复印件；符合抵扣条件且在本期申报抵扣的代扣代缴增值税税收完税凭证及其清单，书面合同、付款证明和境外单位的对账单或者发票；已开具的农产品收购凭证的存根联或报查联；服务、不动产和无形资产扣除项目的合法凭证及其清单；主管税务机关规定的其他资料。

4. 纳税人跨县（市）提供建筑服务、房地产开发企业预售自行开发的房地产项目、纳税人出租与机构所在地不在同一县（市）的不动产

按规定需要在项目所在地或不动产所在地主管国税机关预缴税款的，需填写《增值税预缴税款表》。

5. 公告附件

公告附件分别为增值税一般纳税人和小规模纳税人纳税申报表及其附列资料的格式、《增值税预缴税款表》表样以及相应的填写说明。

（二）纳税申报的时间

从办理税务登记的次月起向主管国税机关办理纳税申报。纳税人、扣缴义务人在规定期限内不能按时向税务机关申报的，可提出书面申请，办理延期申报。经主管国税机关核准后，纳税人在核准的期限内申报。

增值税的具体纳税期限，由主管税务机关根据纳税人应纳税额的大小分别核定；不能按照固定期限纳税的，可以按次纳税。纳税人以一个月或者一个季度为一期纳税的，自期满之日起 15 日内申报纳税；以 1 日、3 日、5 日、10 日或 15 日为一期纳税的，自期满之日起 5 日内预缴税款，于次月 1 日起 15 日内申报纳税并结清上月应纳税款。纳税申报期限的最后一日是法定休假日的，以休假日的次日为限期的最后一日；在期限内有连续 3 日以上法定休假日的，按休假日天数顺延。

第二节　增值税的节税设计

一、选择纳税人身份的节税设计

根据《增值税暂行条例》和《增值税暂行条例实施细则》的规定，我国增值税的纳税人分为两类：一般纳税人和小规模纳税人。根据目前"营改增"的税收政策，应税服务年销售额超过 500 万元的纳税人为一般纳税人，未超过 500 万元的纳税人为小规模纳税人。500 万元的计算标准为纳税人在连续不

超过 12 个月的经营期限内提供服务累计取得的销售额，包括减、免税销售额和提供境外服务的销售额。一般纳税人则适用一般的税率，实行抵扣纳税；小规模纳税人适用税率为 3% 的简易征收办法。适用何种纳税人身份更有利，不能一概而论，需要结合企业的资产、营收等财务状况具体判定。如果适用小规模纳税人更有利，企业可以通过分立、分拆等方式降低年销售额，适用税率为 3% 的简易征收办学。

企业为了减轻增值税税负，就需要对纳税人身份做出选择。

（一）一般纳税人和小规模纳税人的选择

一般纳税人和小规模纳税人资格认定标准不一样，所以可从这一方面进行纳税筹划。

一般纳税人与小规模纳税人的区分标准很重要的一条便是年销售额，这与企业的规模有着直接联系。实施营业税改征增值税（简称"营改增"）试点的纳税人资格认定，以应税服务年销售额是否超过 500 万元作为区分一般纳税人和小规模纳税人的标准。

通常，企业合并的直接效果便是企业规模的扩大，企业如果在合并前属于小规模纳税人，则很可能在合并之后因为规模达到一定要求而符合一般纳税人条件。这时，企业便应该认真考虑两种不同身份的纳税负担各是多少，然后再决定是否进行合并。如果合并后的整体税负因此而大大提高，甚至完全抵消掉因合并而增加的经济效益，就没有合并的必要了。反之，如果针对某些具体纳税人而言，小规模纳税人的税收负担较一般纳税人为高，则企业可以考虑利用企业合并实现税负的减轻。根据这个原理，企业也可以在适当的时候选择企业分立方式以实现自己纳税人身份的转换。

纳税人进行税务筹划的目的在于通过减少税负支出，以降低现金流出量。企业为了减轻税负，在暂时无法扩大经营规模的前提下实现由小规模纳税人向一般纳税人的转换，必然会增加会计成本。例如，增设会计账簿、培养或聘请有能力的会计人员等。如果小规模纳税人由于税负减轻而带来的收益尚不足以抵扣这些成本的支出，则宁可保持小规模纳税人的身份。

【例 2-2】假定甲服务企业年应纳增值税销售额 400 万元，会计核算制度也比较健全，符合作为一般纳税人条件，适用 17% 增值税率。但该企业准予从销项税额中抵扣的进项税额较少，只占销项税额的 10%。在这种情况下，企业应纳增值税额为 400×17％ −（400×17％）×10％ =61.2 万元。如果将该企业分设为两个批发企业，各自作为独立核算单位，一分为二后的两个单位年应税销售额分别为 220 万元和 180 万元，那么两者就都符合小规模纳税人的条件，可适用 6％ 的征收率。在这种情况下，只要分别缴纳增值税 220×6％ =13.2 万元和 180×6％ =10.8 万元。显然，划分为小核算单位后，作为小规模纳税人，可较一般纳税人减轻税负 37.2 万元。

一般纳税人与小规模纳税人适用税率和计税方法是不一样的，那么，在销售收入相同的情况下，究竟是一般纳税人比小规模纳税人多缴税，还是小规模纳税人比一般纳税人多缴税呢？这可以运用以下方法来加以判定。

1. 增值率判断法

在适用增值税税率相同的情况下，起关键作用的是企业进项税额的多少或者增值率高低。增值率与进项税额成反比关系，与应纳税额成正比关系。

增值率是指增值额占销售额的比率。在一个特定的增值率时，增值税一般纳税人与小规模纳税人应缴税款数额相同，我们把这个特定的增值率称为"无差别平衡点的增值率"。当增值率低于这个点时，增值税一般纳税人税负低于小规模纳税人；当增值率高于这个点时，增值税一般纳税人税负高于小规模纳税人。

2. 不含税销售额无差别平衡点增值率

增值率 =（销售额 − 可抵扣购进项目金额）÷ 销售额

一般纳税人应纳增值税额 = 销项税额 − 进项税额

进项税额 = 购进项目金额 × 增值税税率

购进项目金额 = 销售额 − 销售额 × 增值率

　　　　　 = 销售额 ×（1 − 增值率）

所以，进项税额 = 购进项目金额 × 增值税税率

　　　　　 = 销售额 ×（1 − 增值率）× 增值税税率

一般纳税人应纳增值税额 = 销项税额 − 进项税额 = 销售额 × 增值税税率 − 销售额 ×（1 − 增值率）× 增值税税率

= 销售额 × 增值税税率 ×［1 −（1 − 增值率）］

= 销售额 × 增值税税率 × 增值率

小规模纳税人应纳税额 = 销售额 × 征收率

3. 无差别平衡点增值率

当两者税负相等时，其增值率则为无差别平衡点增值率。

即：

销售额 × 增值税税率 × 增值率 = 销售额 × 征收率

增值率 = 征收率 ÷ 增值税税率

无差别平衡点增值率的具体内容如表 2-3 所示。

表 2-3　无差别平衡点增值率

一般纳税人税率	小规模纳税人征收率	无差别平衡点增值率
17%	3%	17.65%
13%	3%	23.08%
11%	3%	27.27%
6%	3%	50%

节　税　锦　言

在进行增值税一般纳税人与小规模纳税人身份筹划时，还须注意以下两点：

第一点，对于年应税销售额超过小规模纳税人标准的非企业单位、不经常发生应税行为的企业，可通过税负比较等方法进行纳税筹划，选择纳税人的身份；

第二点，小规模要转成一般纳税人身份应考虑：一般纳税人要有健全的会计核算制度，需要培养和聘用专业会计人员，将会增加企业财务核算成本；一般纳税人的增值税征收管理制度复杂，需要投入的财力、物力和精力也多，会增加纳税人的纳税成本等。

（二）"营改增"后纳税人身份选择

我们可以通过增值率判别法来对其进行探讨。

假定纳税人含税销售额为 S，含税可抵扣购进金额为 P，适用的增值税税率为 T，小规模纳税人税率为 3%。其具体测算过程如下所述。

1. 确定"增值率"R

增值率 R=（含税销售额 - 含税可抵扣购进金额）÷ 含税销售额 =（S - P）÷ S

由于 R=（S - P）÷ S

可推出 P=S - RS=S（1 - R）

2. 计算应纳税额

一般纳税人应纳税额＝不含税销售额 × 销货增值税税率 − 不含税可抵扣购进金额 × 购货增值税税率

$=S÷（1+T）×T − P÷（1+T）×T$

$=S÷（1+T）×T − S（1 − R）÷（1+T）×T$

$=SR÷（1+T）×T$

小规模纳税人应纳税额 ＝ 不含税销售额 ×3%

$=S÷（1+3\%）×3\%$

3. 计算纳税均衡点

令两种纳税人税负相等，则

$SR÷（1+T）×T=S÷（1+3\%）×3\%$

得

$R=（1+T）×3\%/〔T×（1+3\%）〕$

当 $T=17\%$ 时，得 $R=20.05\%$

即当增值率 $R=20.05\%$ 时，增值税一般纳税人和增值税小规模纳税人的税负是一样的。这时选择两种纳税人身份均可；当增值率 <20.05% 时，小规模纳税人的税负重于增值税一般纳税人的税负，这时选择增值税一般纳税人这种身份有利；当增值率 >20.05% 时，增值税一般纳税人的税负重于小规模纳税人的税负，这时选择小规模纳税人这种身份有利。

【例2-3】2017 年 3 月甲投资者欲成立一家咨询服务公司，预计年含税销售额为 400 万元。该企业为小规模纳税人，但若申请成为一般纳税人，则含税可抵扣购进金额为 150 万元（假设该企业进项税平均税率为 6%）。请对其进行纳税筹划。

增值率（R）＝（S − P）÷S＝（400 − 150）÷400=62.5%

无差别平衡点增值率 ＝ 3%÷6%= 50%

62.5% >50%，此时选择作为小规模纳税人可节税。下面通过计算纳税人身份不同时的应纳税额来说明税收筹划效果。

方案一：申请成为增值税一般纳税人。

根据税法规定，新开业纳税人通过努力满足具有固定的生产经营场所和会计核算健全这两个条件，则可申请成为一般纳税人。

应纳增值税 $=400 \div （1+6\%） \times 6\% - 150 \div （1+6\%） \times 6\% =14.15 （万元）。$

方案二：保留增值税小规模纳税人身份。

应纳增值税 $=400 \div （1+3\%） \times 3\% =11.65 （万元）。$

筹划结论：方案二比方案一可少缴纳增值税2.5万元，因此，应当选择作为小规模纳税人。

二、利用起征点进行节税设计

税法依据《增值税暂行条例实施细则》第三十七条规定：纳税人销售额未到达国务院财政、税务主管部门规定的增值税起征点的，免征增值税；达到起征点的，依照规定全额计算缴纳增值税。增值税起征点的适用范围仅限于个人。

《试点实施办法》对试点纳税人增值税起征点的幅度规定如下：

按期纳税的，为月应税销售额5 000元～20 000元（含本数）；按次纳税的，为每次（日）销售额300元～500元（含本数）。

增值税起征点所称的销售额是指纳税人提供应税服务的销售额（不包括销售货物和提供加工修理修配劳务的销售额），销售额不包括其应纳税额，采用销售额和应纳税额合并定价方法的，按照下列公式计算销售额：

销售额 = 含税销售额 ÷ （1+ 征收率）

起征点的调整由财政部和国家税务总局规定。省、自治区、直辖市财政厅（局）和国家税务局应当在规定的幅度内，根据实际情况确定本地区适用的起征点，并报财政部和国家税务总局备案。

节 税 锦 言

应当注意的是：上述所称销售额为不含税销售额；增值税起征点的规定仅适用于个人，不适用于认定为一般纳税人的个体工商户。

【例2-4】上海市个体工商户王先生提供装卸搬运服务，是"营改增"试点改革的小规模纳税人。王先生2016年5月和6月取得的装卸搬运服务收入分别为17 000元和23 000元，假定上海市规定的提供应税服务的起征点为20 000元，请问王先生在5月和6月应分别缴纳多少增值税？

（1）5月和6月的不含税销售额分别为：17 000÷（1+3%）=16 504.85（元）；23 000÷（1+3%）=22 330.10（元）。

（2）由于该纳税人适用的增值税起征点为20 000元，5月份的销售额未达到起征点，故5月份无须缴纳增值税；6月份的销售额22 330.10>20 000，超过了起征点，故该纳税人6月份应缴纳的增值税为：22 330.1×3%=669.9（元）。

【例2-5】王先生为生产销售食品的个体工商户，月含税销售额为22 000元，当地规定的增值税起征点为20 000元。请对其进行纳税方案优化设计（假设不考虑城市维护建设税和教育费附加）。

设计思路：在涉及起征点的情况下，若销售收入刚刚超过起征点，则可减少收入使其在起征点以下，以便规避纳税义务。

设计过程：

方案一，将月含税销售额仍定为22 000元。

不含税销售额=22 000÷（1+3%）=21 359.22（元），超过当地规定的增值税起征点20 000元，应全额缴纳增值税。

王先生应纳增值税=21 359.22×3%=640.78（元）

税后收入=22 000－640.78=21 359.22（元）

方案二，将月含税销售额降至20 400元。

不含税销售额=20 400÷（1+3%）=19 805.83（元），未超过当地规定的增值税起征点20 000元。因此，免征增值税。

税后收入=20 400（元）

方案选择：方案二与方案一相比，王先生少缴纳增值税640.78元，多获取税后收入959.22元，因此，应当选择方案二。

设计点评：起征点的纳税方案优化设计仅适用于纳税人销售额刚刚达到或超过起征点的情况，因此，其应用空间较小。若遇到税务机关核定销售额的情况，则其应用空间更小。

三、企业采购活动的节税设计

企业采购活动的节税主要从以下 2 个方面进行。

（一）选择恰当的购货时间

通常企业采购应以原材料供应及时为原则，所以采购时间往往不确定，但市场是变化的，企业采购所支付的价格受到供求关系的影响，因此，选择恰当的购货时间对企业的纳税筹划有很大帮助。筹划时，首先必须要注意适应市场的供求关系，作为买方应该充分利用市场的供求关系为自身谋利益，在不耽误正常生产条件下选择供大于求的时候购货，因为在供大于求的情况下，容易使企业自身实现逆转型税负转嫁，即压低产品的价格来转嫁税负。另外，在确定购货时间时还应注意物价上涨指数，如果市场上出现通货膨胀现象，而且无法在短时间内得以恢复，那么尽早购进才是上策。

（二）合理选择购货对象

对于小规模纳税人来讲，不实行抵扣制，购货对象的选择比较容易。因为从一般纳税人处购进货物，进货中所含的税额肯定高于小规模纳税人。因此，从小规模纳税人处购进货物比较划算。

对于一般纳税人来讲，购货对象有以下 3 种选择：第一，从一般纳税人处购进；第二，从可请主管税务机关代开专用发票的小规模纳税人处购进货物；第三，从不可请主管税务机关代开专用发票的小规模纳税人处购进货物。如果一般纳税人和小规模纳税人的销售价格相同，应该选择从一般纳税人处购进货物，原因在于抵扣的税额大。但是如果小规模纳税人的销售价格比一般纳税人低，就需要企业进行计算选择。

四、企业运输费用的节税设计

运费在有些企业的运营成本中占有很大的比重，直接影响到这些企业的生产和经营效益。因而对运费进行纳税筹划可以有效地降低企业的运营成本。因此，对运费的筹划，是纳税筹划的关键环节。

在"税改"条件下，纳税人应当注意政策的变化。交通运输业纳入营业税改增值税的应税服务、税率、进项税额抵扣率及凭证的规定有如下 3 点。

一是交通运输业纳入营业税改增值税范畴应税服务的项目有 4 个，即陆路运输服务、水路运输服务、航空运输服务、管道运输服务。

二是提供交通运输业服务的一般纳税人税率为11%，小规模纳税人征收率为3%计税。

三是原增值税一般纳税人接受纳税人提供的应税服务，取得的增值税专用发票上注明的增值税额为进项税额，准予从销项税额中抵扣；原增值税一般纳税人接受纳税人中的小规模纳税人提供的交通运输业服务，按照从提供方取得的增值税专用发票上注明的价税合计金额和7%的扣除率计算进项税额，原增值税一般纳税人从试点地区取得的2012年1月1日（含）以后开具的运输费用结算单据（铁路运输费用结算单据除外），一律不得作为增值税扣税凭证。

一般来说，增值税一般纳税人支付运费可抵扣进项税，收取运费应缴纳营业税或增值税。运费收支状况一旦发生变化，必然对企业纳税情况会产生影响。对一般纳税人自营车辆来说，运输工具耗用的油料、配件及正常修理费支出等项目，可按专用发票抵扣17%的增值税，即抵扣率为 $17\% \times R$（R为运费中可抵扣税的物耗比，物耗比＝运输工具耗用的油料、配件及正常修理费支出等物质消耗 ÷ 运费收入）；若企业请他人车辆运输或是自行成立一家运输公司，可抵扣7%的进项税，同时这笔运费在收取方还应当按规定缴纳3%的营业税，收支相抵后，运费的实际抵扣率为4%，假设两种情况下抵扣率相等，即 $17\% \times R = 4\%$，$R = 23.53\%$，因此，可以把 $R = 23.53\%$ 称为"运费扣税平衡点"，说明当运费中可抵扣增值税的物耗比达到23.53%时，实际进项税抵扣率达4%，经测算，企业自营车辆R值小于23.53%，应单独成立一家运输公司更划算。

【例2-6】甲企业每月发生大量的运输任务，为此，该企业准备成立一个运输部，购买车辆自己运输。经过相关测算，购车成本约384万元，每月需耗费燃油、配件和相应修理费1万元，支付司机工资3.6万元。现该企业有两套方案可供选择：方案一，该企业自购车辆，自己运输；方案二，专门成立运输子公司，由该子公司负责购置车辆和运输。从节税的角度出发，该企业应当选择哪套方案？

在方案一中，根据现行企业所得税政策，该企业购置的价值384万元的车辆只能作为固定资产管理，按照4年期折旧。在该方案下，该企业的纳税情况如下：

（1）车辆每月折旧额 =3 840 000÷4÷12=80 000（元）

（2）每月成本抵扣进项税额 =10 000÷（1+17%）×17%=1 453（元）

（3）累计运输成本 =80 000+10 000+36 000 − 1453=124 547（元）

在方案二中，该子公司的各项费用开支与上述运输部的开支基本相同。假设甲企业每月向该子公司支付 70 000 元运输费，基本符合正常交易原则。在该方案下，该企业的纳税情况如下：

（1）子公司运输成本 =80 000+10 000+36 000+70 000×3.3% = 128 310（元）

（2）母公司抵扣税款 =70 000×7% = 4 900（元）

（3）累计运输成本 =128 310−4 900=123 410（元）

所以从节税的角度出发，该公司应选择方案二。

五、合理选择销售方式进行节税设计

目前，市场经济促销是很普遍的，为了增加产品的市场占有率，企业采取了多种多样的销售方式，如以物易物、还本销售、折扣销售等。税法中规定了 5 种销售方式，不同的销售方式对应的税收政策就不同，对企业的纳税影响也不同。企业在决定采取何种销售方式之前，必须明确税法对各种不同销售方式的规定，这样才能进行选择，达到节减税收的目的。

商业企业目前较常见的让利促销活动主要有打折、赠送，其中赠送又可分为赠送实（或购物券）和返还现金。

【例2-7】甲商场五一准备搞促销，在销售前找到税务师，让其帮助选择一下，采用什么方式税负比较低？税务师列举了 3 种方式进行对比，得出的结论差别很大。A 种商品销售 200 元商品，其购进价为 120 元（商场是增值税一般纳税人，购货均能取得增值税专用发票）：

一是商品 7 折销售（折扣销售），降低商品价格；

二是购物满 200 元者赠送价值 60 元的商品（成本 36 元，均为含税税价），买一送一；

三是购物满 200 元者返还 60 元现金。

对上述 3 种方式进行比较：

（1）7 折销售，价值 200 元的商品售价 140 元（降价销售）

应缴增值税额 =140÷（1+17%）×17%−120÷（1+17%）×17%=2.91（元）

（2）购物满200元，赠送价值60元的商品（买一赠一）

销售200元商品时，

应缴增值税 $=200\div（1+17\%）\times17\%-120\div（1+17\%）\times17\%=11.62$（元）

赠送价值60元的商品视同销售，

应缴增值税 $=60\div（1+17\%）\times17\%-36\div（1+17\%）\times17\%=3.49$（元）

合计应缴增值税 $=11.62+3.49=15.11$（元）

（3）购物满200元返还现金60元（现金返还）

应缴增值税税额 $=\left[200\div（1+17\%）-120\div（1+17\%）\right]\times17\%=11.62$（元）

从以上分析可以看出，顾客购买价值200元的商品，商家同样是让利60元，但对商家来说税负和利润却不相同。因此，当你在制定每一项经营决策时，不要忘记先要对税收政策进行筹划，以便降低税收成本，获取最大的经济效益，千万不能盲目行事。通过销售方式的筹划我们可以了解到，销售方式的不同对企业的效益有很大的影响。

六、销售折扣的节税设计

销售折扣也叫现金折扣，是指销售方在销售货物或应税劳务后，为了鼓励购买方及早偿还货款，缩短企业的平均收款期，而协议许诺给予企业的一种折扣优惠。另外，这种现金折扣也能招揽一些视折扣为减价出售的顾客前来采购，借此扩大企业销售量。现金折扣的表示常采用如"5/10、3/20、N/30"这样一些符号形式，这3种符号的含义为：5/10表示10天内付款，可以享受5%的价格优惠，即只需支付原价的95%，如原价为10 000元，只需支付9 500元；3/20表示20天内付款，可享受3%的价格优惠，即只需支付原价的97%，若原价为10 000元，则需支付9 700元；N/30表示付款的最后期限为30天，此时付款无优惠。

由于销售折扣发生在销售货物之后，本身并不属于销售行为，而为一种融资性的理财行为，因此销售折扣不得从销售额中减除，企业应当按照全部销售额计缴增值税。销售折扣在实际发生时计入财务费用。

【例2-8】甲"营改增"企业与客户签订的合同约定不含税销售额为200 000元，合同中约定的付款期为40天。如果对方可以在20天内付款，将给予对方3%的销售折扣，即6 000元。由于企业采取的是销售折扣方式，折扣额不能从销售额中扣除，企业应按照200 000元的销售额计算增值税销项税额。这样，增值税销项税额：200 000×17% =34 000（元）。请提出该企业的纳税筹划方案。

该企业可以用两种方法实现纳税筹划。

方案一：企业在承诺给予对方3%的折扣的同时，将合同中约定的付款期缩短为20天，这样就可以在给对方开具增值税专用发票时，将以上折扣额与销售额开在同一张发票上，使企业按照折扣后的销售额计算增值税销项税额。增值税销项税额：200 000×（1-3%）×17% =32 980（元）。这样，企业收入没有降低，但节省了1 020（34 000-32 980）元的增值税。当然，这种方法也有缺点，如果对方企业没有在20天之内付款，企业将遭受损失。

方案二：企业主动压低该批服务的价格，将合同金额降低为194 000元，相当于给予对方3%折扣之后的金额。同时在合同中约定，对方企业超过20天付款加收7 020元滞纳金（相当于6 000元销售折扣和1 020元增值税）。这样，企业的收入并没有受到实质影响。如果对方在20天之内付款，可以按照194 000元的价款给对方开具增值税专用发票，并计算32 980元的增值税销项税额。如果对方没有在20天之内付款，企业可向对方收取6 000元滞纳金，并以"全部价款和价外费用"200 000元计算销项增值税，也符合税法的要求。

综合以上内容，我们可以看到，企业在采用折扣销售方式时一定要将销售额和折扣额在同一张发票上分别注明，如果未在同一张发票上注明会增加企业的税收负担。

节 税 锦 言

从企业税负角度考虑，折扣销售方式优于销售折扣方式。如果企业面对的是一个信誉良好的客户，销售货款回收的风险较小，那么企业可以考虑通过修改合同，将销售折扣方式改为折扣销售方式。

七、兼营销售的节税设计

根据营改增规定，纳税人销售货物、加工修理修配劳务、服务、无形资产或者不动产适用不同税率或者征收率的，应当分别核算适用不同税率或者征收率的销售额，未分别核算销售额的，按照以下方法适用税率或者征收率：兼有不同税率的销售货物、加工修理修配劳务、服务、无形资产或者不动产，从高适用税率；兼有不同征收率的销售货物、加工修理修配劳务、服务、无形资产或者不动产，从高适用征收率；兼有不同税率和征收率的销售货物、加工修理修配劳务、服务、无形资产或者不动产，从高适用税率。

兼营销售行为应当分别核算不同税率货物或者应税劳务的销售额，避免从高适用税率的情况。兼营销售行为的纳税筹划，是将不同税率货物或劳务的销售额分别核算，避免出现从高适用税率的情况，增加企业的税收负担。

纳税人兼营免税、减税项目的，应当分别核算免税、减税项目的销售额；未分别核算的，不得免税、减税。

营改增后，如果企业提供服务的年营业额在 500 万元以下，可继续登记为增值税小规模纳税人，按照 3% 的增值税征收率，直接乘以营业额计算缴纳增值税，与原先按 5% 的营业税税率计算缴纳营业税相比，这部分服务的税收负担，将直接下降 40%。

营改增后，小微企业税收优惠政策的力度保持不变，也就是说，如果提供服务与销售仍然分开核算，两者的月销售额仍然都分别低于 3 万元，将继续分别享受免税政策，不会从营改增前的无税户，变成营改增后的有税户。

【例 2-9】甲大型商城的财务部经理在 2016 年 12 月底对该商城的经营情况做综合分析时发现：该商城在 2016 年度销售各种型号的空调 13 600 台，取得安装调试和维修服务收入 2 000 000 元；销售热水器 3 000 台，取得安装调试及维修服务收入 340 000 元。两项收入合计 2 340 000 元。上述收入按照混合销售进行税务处理，实际缴纳增值税 340 000 元。请提出该商城的纳税筹划方案。

根据《国家税务总局关于印发〈增值税问题解答（之一）〉的通知》（国税函发〔1995〕288 号）的规定，货物的生产企业为搞好售后服务，支付给经销企业修理费用，作为经营企业为用户提供售后服务的费用支出。对经销企业从货物的生产企业取得的"三包"收入，应按"修理修配"征收增值税。

因此，我们对该商城的经营管理提出以下3点建议。一是企业应走专业化发展的道路，建立专业服务公司，从而进一步满足消费者对服务越来越高的需要。二是采用适当的组织形式，组建具有独立法人资格的专业服务公司，在财务上实行独立核算，独立纳税；在业务上与生产厂商直接挂钩，与商城配套服务。三是完善经济业务关系，将原来生产厂家与商城的双重业务关系，改为生产厂家与商城的关系是单纯的货物买卖经销关系，生产厂家与专业服务公司是委托安装、委托维修服务的关系。

根据上述思路，假设该商城2016年度经销的空调器和热水器数量不变，那么该专业服务公司接受委托安装服务的收入金额为2 340 000元，适用3%税率征收营业税，则公司应纳营业税额：2 340 000×3% ＝70 200（元）。经过以上筹划，从企业整体利益的角度讲，企业实际少缴税款：340 000－70 200＝269 800（元）。

八、混合销售的节税设计

根据营改增规定，一项销售行为如果既涉及服务又涉及货物，为混合销售。从事货物的生产、批发或者零售的单位和个体工商户的混合销售行为，按照销售货物缴纳增值税；其他单位和个体工商户的混合销售行为，按照销售服务缴纳增值税。

本条所称从事货物的生产、批发或者零售的单位和个体工商户，包括以从事货物的生产、批发或者零售为主，并兼营销售服务的单位和个体工商户在内。

根据本条规定，界定"混合销售"行为的标准有两点：一是其销售行为必须是一项；二是该项行为必须即涉及服务又涉及货物，其"货物"是指增值税条例中规定的有形动产，包括电力、热力和气体；服务是指属于全面营改增范围的交通运输服务、建筑服务、金融保险服务、邮政服务、电信服务、现代服务、生活服务等。在界定"混合销售"行为是否成立时，其行为标准中的上述两点必须是同时存在，如果一项销售行为只涉及销售服务，不涉及货物，这种行为就不是混合销售行为；反之，如果涉及销售服务和涉及货物的行为，不是存在一项销售行为之中，这种行为也不是混合销售行为。

纳税人应分别核算不同税率的经济业务，减少核算造成的税收成本；"营改增"后，企业可以选择性地将非主要业务进行外包，一方面能增加可抵扣进项额，减少需缴纳的增值税，在享受专业服务同时，还可因为抵扣链条延长而享受到税收优惠。此外，企业可以通过把相关业务分离成立子公司的形式（如将原来单位内部运输队分离出来，成立独立法人），延长增值税抵扣链条，享受税收优惠。

【例2-10】甲公司为增值税一般纳税人，该企业为客户提供货物运输服务和仓储搬运服务。2016年12月，该公司取得货物运输服务收入300万元，仓储搬运服务收入100万元。假设以上收入均为不含税价，城建税税率成为7%，教育费附加为3%，本月可抵扣的进项税额为15万元，无上期留抵税额。

方案一：若该公司未分别核算两项业务收入，则应缴纳的增税额=（300+100）×11%-15=29（万元）。

方案二：若该公司分别核算两项业务收入，则应缴纳的增税额=300×11%+100×6%-15=24（万元）。

两种方案增值税附加相差=（29-24）×（7%+3%）=0.5（万元）。

则该公司分别核算两项业务收入后少缴增值税及附加=29-24+0.5=5.5（万元）。

九、折扣销售的节税设计

纳税人采取折扣方式销售货物，如果销售额和折扣额在同一张发票上分别注明的，可按折扣后的销售额征收增值税；如果将折扣额另开发票，不论其在财务上如何处理，均不得从销售额中减除折扣额。根据《国家税务总局关于折扣额抵减增值税应税销售额问题通知》（国税函〔2010〕56号）的规定，纳税人采取折扣方式销售货物，销售额和折扣额在同一张发票上分别注明是指销售额和折扣额在同一张发票上的"金额"栏分别注明的，可按折扣后的销售额征收增值税。未在同一张发票"金额"栏注明折扣额，而仅在发票的"备注"栏注明折扣额的，折扣额不得从销售额中减除。

【例2-11】甲交通运输业"营改增"企业为了促销，规定凡购买其服务在1 000次以上的，给予折扣10%。该服务不含税单价100元，折扣后的不含税价格为90元。该企业未将销售额和折扣额在同一张发票上分别注明。请计算该企业应当缴纳的增值税，并提出纳税筹划方案。

由于该企业没有将折扣额写在同一张发票上，该企业缴纳增值税应当以销售额的全额计缴：100×1 000×11%=11 000（元）。如果企业熟悉税法的规定，将销售额和折扣额在同一张发票上分别注明，那么企业应纳增值税应当以折扣后的余额计缴：90×1 000×11%=9 900（元）。纳税筹划所带来的节税效果：11 000-9 900=1 100（元）。

十、营改增后增值税税收优惠的节税设计

由于国家规定的税率不同，有7%、13%、17%，还有免税的，有时企业形式的不同会导致企业实际增值税税负不同，所以可以通过组织机构分开与合并的形式，充分享受税收优惠进而实现增值税的节税目的。

自2013年8月1日起，对增值税小规模纳税人中月销售额不超过2万元的企业或非企业性单位，暂免征收增值税。自2014年10月1日至2015年12月31日，对月销售额2万元（含本数，下同）至3万元的增值税小规模纳税人，免征增值税。如果纳税人的销售额在3万元上下，就可以通过适当调节月销售额来充分享受上述免征增值税政策。

【例2-12】甲服务公司为增值税小规模纳税人，在"营改增"后，该公司2016年度从几家固定客户每月收取含税服务费共计34 000元，请计算该服务公司2016年度需要缴纳多少增值税并提出纳税筹划方案。

该服务公司月不含税销售额为34 000÷（1+3%）=33 010（元），超过了3万元，需要缴纳增值税。该服务公司2016年度需要缴纳增值税34 000÷（1+3%）×3%×12=11 883（元）。如果该企业能够与其固定客户协商，适当调节月度服务费的数额，将1~11月份的服务费控制在30 700元，最后一个月的服务费为：34 000×12-30 700×11=70 300（元）。该服务公司前11个月不含税销售额为3万元，免征增值税，最后一个月需要缴纳增值税：70 300÷（1+3%）×3%=2 048（元）。

节税额=11 883-2 048=9 835（元）

十一、从增值税税率着手的节税设计

"营改增"后，增值税有 4 个档次的税率：提供有形动产租赁服务，税率为 17%；提供交通运输业服务，税率为 11%；提供现代服务业服务（有形动产租赁服务除外），税率为 6%；财政部和国家税务总局规定的应税服务，税率为 0。

纳税人兼营不同税率的货物或者应税劳务的，应当分别核算不同税率的货物或者应税劳务的销售额。未分别核算销售额的，从高适用税率（具体内容在前文中已讲述过，在此不再赘述）。

在税率的税收筹划中，应掌握低税率的适用范围。以公路运输企业为例，因其车队庞大，要想有效进行车队管理，应该同时建立车辆维修厂。而《中华人民共和国增值税暂行条例》对此做出了明确的规定，即纳税人若兼营不同税率的货务或者应税劳务，则应该分别对不同税率的货物或应税劳务的销售额进行核算。对于没有分别核算销售额的企业，应该适用高税率。例如，公路运输企业在税改后，其公路运输业务应适用于 6% 或 11% 的税率，车辆维修业务则属于"提供加工、修理修配劳务"，应适用于 17% 的增值税税率。若企业未对此二项业务进行分别核算，那么，两种业务的销售额便均按照 17% 的税率来计算销项税额。对于兼营高低不同税率产品的纳税人，一定要分别核算各自的销售额，杜绝从高适用税率的情况发生。

十二、增值税税目选择的节税设计

在"营改增"前，因在营业税时税率相同、相似的业务企业可以不作严格区分。在"营改增"后，有些相似的业务，税率却相差太大，如果未能严格区分，依据税法兼营业务从高适用税率，则加大了企业的税负。企业操作这些业务时，需要认真测算，以求利用税率差给企业带来最大效益。

比如汽车租赁配司机的业务属于"交通运输业"，征收 11% 的增值税；汽车租赁不配司机的业务属于"有形动产租赁服务"，征收 17% 的增值税。从节税的角度出发，租赁公司完全可以给车辆配备司机，签订长期运输协议取代租赁协议。由这个例子可以引申到一些类似的重大业务，远洋运输的光租业务、航空运输的干租业务，属于有形动产经营性租赁征收 17% 的增值税；而远洋运输的承租、期租业务，属于水路运输服务，航空运输的湿租业务，属于航空运输服务，征收 11% 的增值税。这些业务的主要区别就是是否配备相关人员，但税率上二者相差很大。企业在操作这些业务时，需要认真测算，以求利用税率差给企业带来最大效益。

以石化企业为例，港口服务收费中的装船费，就是利用管道和输油臂将油品装到船上，服务项目一直以管道运输的名义。"营改增"后管道运输业税率是 11%，而码头服务、装卸等物流辅助业务税率是 6%。从表面上看，用管道输送油品上船，也符合管道运输的性质。而实际上，从物流业和物流辅助业来看，物流业的收费重量和距离都是主要因素。而物流辅助业却往往只按重量收费，若不能对这一概念明确，企业将损失巨大。

十三、从增值税计税依据着手的节税设计

（一）增值税的计税依据

增值税的计税依据是销售额。按照《增值税暂行条例》的规定，销售额是指纳税人销售货物或者应税劳务向购买方收取的全部价款和价外费用。具体来讲，作为增值税计税依据的销售额包括如下 3 个方面内容。

1. 价款

价款是指纳税人销售货物或者应税劳务向购买方收取的全部价款。

2. 价外费用

价外费用是指即向购买方收取的各种价外费用。这里所称"价外费用"，是指价外向购买方收取的手续费、补贴、基金、集资返还利润、奖励费、违约金（延期付款利息）、包装费、包装物租金、储备费、优质费、运输装卸费、代收款项、代垫款项及其他各种性质的价外收费。

3. 消费税税金

消费税为价内税，其应纳消费税包含在其销售价格中。因此，在计算增值税额时，凡属于应征收消费税的货物，其应纳消费税税金应包括在作为计税依据的销售额中。

销售额以人民币计算。纳税人以外汇结算销售额的，应当将外汇折合成人民币计算。其销售额的人民币折合率可以选择销售额发生的当天或当月 1 日的国家外汇牌价（原则上为中间价）。纳税人应在事先确定采用何种折合率，确定后 1 年内不得变更。

（二）销项税额的节税设计

在收入金额相同的情况下，企业可通过经营模式的转变来达到降低税负的目标。经营模式不同，所适用的税率也会不同，缴纳的税款也有较大差异。在实际操作中，试点纳税人应结合自身的经营状况事先进行纳税筹划，以选择最佳经营模式，实现税后收益最大化。

【例2-13】甲海运有限公司为一般纳税人，除了提供国际、国内货物运输服务外，还将闲置的船舶对外经营性租赁。2016年12月，该公司获得船舶租赁业务收入300万元，未取得进项税发票。请对其进行纳税筹划。

方案一：该公司将闲置的船舶对外经营性租赁，获得光租业务收入300万元，则：

当月应纳增值税 $=300 \times 17\% =51$（万元）

应纳城建税及教育费附加 $=51 \times （7\% +3\%）=5.1$（万元）

合计纳税 $=51+5.1=56.1$（万元）

方案二：该公司为出租的船舶配备操作人员，即变光租业务为期租业务，获取运输服务收入300万元，则：

当月应纳增值税 $=300 \times 11\% =33$（万元）

应纳城建税及教育费附加 $=33 \times （7\% +3\%）=3.3$（万元）

合计纳税 $=33+3.3=36.3$（万元）

可见，方案二比方案一减轻税负19.8万元。因此，应当选择方案二。

（三）进项税额的节税设计

1.供货方的选择

由于增值税实行凭增值税发票抵扣的制度，只有一般纳税人才能使用增值税专用发票。一般纳税人从小规模纳税人处认购的货物，由于小规模纳税人不能开出增值税专用发票，根据税法规定，小规模纳税人可以到税务所申请代开小规模纳税人使用的专用发票，一般纳税人可根据发票上的税额计提进项税额，抵扣率为3%（小规模纳税人）；如果购货方取得的是小规模纳税人自己开具的普通发票，不能进行任何抵扣（农产品和废旧物资经营企业除外）。因此，企业在选择购货对象时，必然要考虑到以上税收规定的差异。

另外，企业还应该考虑油费、人工等成本支出情况来进行选择，对较难取得的油费增值税专用发票，可以通过集中购买充值卡或记账月结的方式来解决。

2. 购买方式的筹划

"营改增"后应征增值税的税目增加，企业选择合理的购买方式可抵扣更多的进项税额。下面我们来介绍一下通过采购与租赁的选择，租赁与雇佣的选择来达到税收筹划的目标。

税法规定自用的应征消费税的摩托车、汽车、游艇不允许抵扣进项税额。之所以不允许抵扣，主要是因为该类交通工具的具体用途是难以划分清楚的，而这些物品的消费属性更明显。但随着社会经济的进步，征消费税的摩托车、汽车作为办公用车相当普遍，但进项税额依然得不到抵扣。"营改增"后，规定自用的应征消费税的摩托车、汽车、游艇，依然不可以抵扣进项税，但作为提供交通运输业服务的运输工具和租赁服务标的物的除外。税法的这一个规定，让我们得以利用。首先租赁公司购入小汽车进项税额可以抵扣，企业可以从租赁公司租入小汽车作为办公用，进项税额也可以抵扣。大企业集团，甚至可以专门成立这样的租赁公司为下属企业的办公用小汽车进行租赁服务。

节 税 锦 言

"营改增"后，企业员工上下班的通勤班车，如果是外单位提供的，因税法规定对于一般纳税人购买的旅客运输劳务，难以准确地界定接受劳务的对象是企业还是个人，因此，一般纳税人接受的旅客运输劳务不得从销项税额中抵扣。而另一方面，单位或者个体工商户为员工提供交通运输业和部分现代服务业服务不属于增值税的应税范围。这样，如果企业是租赁班车或购买班车，在税收上就比雇班车要划算得多，所以这也就成了企业值得思考的问题。

十四、延迟纳税的节税设计

纳税期限的递延也称延期纳税，即允许企业在规定的期限内，分期或延迟缴纳税款。税款递延的途径是很多的，企业在生产和流通过程中，可根据国家税法的有关规定，做出一些合理的纳税筹划，尽量延缓纳税，从而获得节税利益。

通过税务筹划实现推迟缴纳税款，无异于获得了一笔无息贷款，因此，企业可以通过筹划服务合同等方式推迟纳税义务的产生，但是前提是要合法，符合以下税收政策规定。

一是纳税人提供应税服务并收讫销售款项或者取得索取销售款项凭据的当天；先开具发票的，为开具发票的当天。

二是纳税人提供有形动产租赁服务采取预收款方式的，其纳税义务发生时间为收到预收款的当天。

三是纳税人发生视同提供应税服务的，其纳税义务发生时间为应税服务完成的当天。

四是增值税扣缴义务发生时间为纳税人增值税纳税义务发生的当天。

要推迟纳税义务的发生，关键是采取何种结算方式。增值税纳税期限递延上的筹划普遍采取的方式有以下几种。

（一）赊销和分期收款方式的筹划

赊销和分期收款结算方式，都以合同约定日期为纳税义务发生时间。因此，企业在产品销售过程中，在应收货款一时无法收回或部分无法收回的情况下，可选择赊销或分期收款结算方式。

【例2-14】甲公司（增值税一般纳税人）当月发生销售业务5笔，共计应收货款3 600万元（含税价）。其中，3笔共计2 000万元，货款两清；一笔600万元，两年后一次付清；另一笔一年后付500万元，一年半后付300万元，余款200万元两年后结清。企业该如何进行纳税筹划呢？

企业若全部采取直接收款方式，则应在当月全部计算销售，计提销项税额523.08万元 [3 600 ÷（1+17%）×17%]；

若对未收到款项业务不记账，则违反了税收规定，少计销项税额232.48万元 [1 600 ÷（1+17%）×17%]，属于偷税行为；

若对未收到的600万元和1 000万元应收账款分别在货款结算中采用赊销和分期收款结算方式，则可以延缓纳税。具体销项税额及天数为（假设以月底发货计算）：

（600+200）÷（1+17%）×17% =116.24（万元），（天数为约定期满，以日计算）

300÷（1+17%）×17% =43.59（万元），（天数为约定期满，以日计算）

500÷（1+17%）×17% =72.65（万元），（天数为约定期满，以日计算）

毫无疑问，采用赊销和分期收款方式，可以为企业节约大量的流动资金，节约银行利息支出。

（二）委托代销方式销售货物的筹划

委托代销商品是指委托方将商品交付给受托方，受托方根据合同要求，将商品出售后，开具销货清单，交给委托方，这时委托方才确认销售收入的实现。因此，根据这一原理，如果企业的产品销售对象是商业企业且货款结算方式是销售后付款，则可采用委托代销结算方式，根据其实际收到的货款分期计算销项税额，从而延缓纳税。

【例2-15】甲企业2017年5月向乙公司销售服务234万元，货款结算采用销售后付款的形式。2017年10月乙公司汇来货款60万元。试进行纳税筹划。

【分析】对于这一笔业务，可选择委托代销货物的形式，按委托代销结算方式进行税务处理。

按委托代销处理，2017年5月可不计算销项税额，2017年10月按规定向代销单位索取销货清单并计算，计提销项税额：

$60 \div (1+17\%) \times 17\% = 8.72$（万元）

尚未收到销货清单的货款可暂缓申报计算销项税额。如不按委托代销处理，则应计销项税额：

$234 \div (1+17\%) \times 17\% = 34$（万元）

如不进行会计处理申报纳税，则违反了税收规定。因此，此类销售业务选择委托代售结算方式对企业最有利。

（三）购进扣税法

购进扣税法是指工业生产企业购进货物（包括外购货物所支付的运输费用），在购进的货物验收入库后就能申报抵扣，并计入当期的进项税额（当期进项税额不足抵扣的部分，可以结转到下期继续抵扣）。增值税实行购进扣税法，不能降低应税产品的总体税负，但可使企业延缓缴税，利用通货膨胀或时间价值因素为相对降低税负创造条件。

第三章 运筹帷幄出效益——
服务企业企业所得税的节税优化设计

第一节 企业所得税的概述

一、企业所得税的概念和特点

（一）企业所得税的概念

企业所得税是对企业和组织取得的生产经营所得和其他所得征收的一种税。现行企业所得税的基本规范是 2007 年 3 月 16 日十届全国人大五次会议通过的《中华人民共和国企业所得税法》（以下简称《企业所得税法》）和 2007 年 11 月 28 日国务院第 197 次常务会议通过的《中华人民共和国企业所得税法实施条例》。《企业所得税法》于 2008 年 1 月 1 日起实施。

（二）企业所得税的概念

企业所得税具有与商品劳务税不同的性质，其特点体现在以下 4 个方面。

1. 将企业划分为居民企业和非居民企业

现行企业所得税将纳税人划分为居民企业和非居民企业两大类：居民企业承担全面的纳税义务，即来源于我国境内外的所得均需要向中国政府申报纳税；而非居民企业只承担有限的纳税义务，即仅就来源于中国境内的所得向中国政府申报纳税。

2. 以应纳税所得额为计税依据

应纳税所得额既不是企业的增值额，更不是企业的销售额或营业额，也不等同于企业实现的会计收益，它是指企业每一纳税年度的收入总额减除不征税收入、免税收入、各项扣除以及允许弥补的以前年度亏损后的余额。因此，企业所得税是一种完全不同于对商品劳务课税的税种。

3. 征税以量能负担为原则

企业所得税以企业的生产经营所得和其他收入为征税对象，所得多的多征，所得少的少征，没有所得的不征，能充分体现税收的公平负担原则。它不像流转税那样不需要核算成本，只要取得收入就征税，不管盈利还是亏损。

4. 实行按年征收、分期预缴的征收管理方法

企业的经营业绩通常是按年衡量的，企业的会计核算也是按年进行的，所以，企业所得税实行按纳税年度计征。这样，一方面使得税收收入的取得比较及时、均衡，确保财政收入的稳定；另一方面，也有利于税收管理和企业核算期限的一致性。

二、企业所得税的纳税义务人

企业所得税的纳税人是指在中华人民共和国境内的企业和其他取得收入的组织。《中华人民共和国企业所得税法》第一条规定，除个人独资企业、合伙企业不适用企业所得税法外，在我国境内的企业和其他取得收入的组织（以下统称企业）为企业所得税的纳税人，依照本法规定缴纳企业所得税。

企业所得税的纳税人分为居民企业和非居民企业。

（一）居民企业

居民企业是指依法在中国境内成立，或者依照外国法律成立但实际管理机构在中国境内的企业。其中，依法在中国境内成立的企业，包括依照中国法律、行政法规在中国境内成立的企业、事业单位、社会团体以及其他取得收入的组织。依照外国法律成立的企业，包括依照外国（地区）法律成立的企业和其他取得收入的组织。

（二）非居民企业

非居民企业是指依照外国（地区）法律成立且实际管理机构不在中国境内，但在中国境内设立机构、场所的，或者在中国境内未设立机构、场所，但有来源于中国境内所得的企业。

上述所称"实际管理机构"，是指对企业的生产经营、人员、账务、财产等实施实质性全面管理和控制的机构。上述所称"机构、场所"，是指在中国境内从事生产经营活动的机构、场所，包括管理机构、营业机构、办事机构，工厂、农场、开采自然资源的场所，提供劳务的场所，从事建筑、安装、

装配、修理、勘探等工程作业的场所，其他从事生产经营活动的机构、场所。非居民企业委托营业代理人在中国境内从事生产经营活动，包括委托单位或者个人经常代其签订合同或者储存、交付物资等，该营业代理人视为非居民企业在中国境内设立的机构、场所。

三、企业所得税征税范围和税率

（一）企业所得税的征税范围

企业所得税的征收范围是企业以货币形式和非货币形式从各种来源取得的收入，为收入总额。其包括销售货物收入、提供劳务收入、转让财产收入、股息、红利等权益性投资收益、利息收入、租金收入、特许权使用费收入、接受捐赠收入、其他收入。

依据税法的规定，收入总额中的下列收入为不征税收入：财政拨款，依法收取并纳入财政管理的行政事业性收费、政府性基金，国务院规定的其他不征税收入。

另外，企业在清算结算的时候，往往会产生清算所得。所谓清算所得是指企业的全部资产可变现价值或者交易价格减除资产净值、清算费用以及相关税费等后的余额。清算所得也属于所得税的范围。

（二）企业所得税税率

1. 标准税率

居民企业以及在中国境内设立机构、场所且取得的所得与其所设机构、场所有实际联系的非居民企业，应当就其来源于中国境内、境外的所得缴纳企业所得税，适用税率为25％。

非居民企业在中国境内未设立机构、场所的，或者虽设立机构、场所但取得的所得与其所设机构、场所没有实际联系的，应当就其来源于中国境内的所得缴纳企业所得税，适用税率为20％。

2. 优惠税率

对于居民企业和在中国境内设立机构、场所且取得的所得与其所设机构、场所有实际联系的非居民企业，适用20％和15％两档优惠税率；对于在中国境内未设立机构、场所的，或者虽设立机构、场所但取得的所得与其所设机构、场所没有实际联系的非居民企业，适用10％的优惠税率。

四、应纳所得税额的计算

（一）企业所得税应纳税额的计算

计算企业所得税应纳税额时，首先要确定计税依据，包括收入总额、不征税收入、免税收入、各项扣除以及允许弥补的以前年度亏损等项目。

1. 收入总额

根据《企业所得税法》规定，企业以货币形式和非货币形式从各种来源取得的收入，为收入总额。

企业取得收入的货币形式，包括现金、存款、应收账款、应收票据、准备持有至到期的债券投资以及债务的豁免等；企业取得收入的非货币形式。

2. 不征税收入

收入总额中的不征税收入包括财政拨款；依法收取并纳入财政管理的行政事业性收费、政府性基金；国务院规定的其他不征税收入。

3. 免税收入

收入总额中的免税收入包括国债利息收入；符合条件的居民企业之间的股息、红利等权益性投资收益；在中国境内设立机构、场所的非居民企业从居民企业取得与该机构、场所有实际联系的股息、红利等权益性投资收益；符合条件的非营利组织的收入。

4. 各项扣除额的确定

企业实际发生的与取得收入有关的、合理的支出，包括成本、费用、税金、损失和其他支出，准予在计算应纳税所得额时扣除。

（1）成本，是指企业在生产经营活动中发生的销售成本、销货成本、业务支出以及其他耗费。

（2）费用，是指企业在生产经营活动中发生的销售费用、管理费用和财务费用，已经计入成本的有关费用除外。

（3）税金，是指企业发生的除企业所得税和允许抵扣的增值税以外的各项税金及其附加。

（4）损失，是指企业在生产经营活动中发生的固定资产和存货的盘亏、毁损、报废损失，转让财产损失，呆账损失，坏账损失，自然灾害等不可抗力因素造成的损失以及其他损失。

（5）其他支出，是指除成本、费用、税金、损失外，企业在生产经营活动中发生的与生产经营活动有关的、合理的支出。

5.准予弥补的以前年度亏损额

企业纳税年度发生的亏损，准予向以后年度结转，用以后年度的所得弥补，但结转年限最长不得超过5年。企业在汇总计算缴纳企业所得税时，其境外营业机构的亏损不得抵减境内营业机构的营利。

在计算应纳税所得额时，企业财务、会计处理办法与税收法律、行政法规的规定不一致的，应当依照税收法律、行政法规的规定计算。

在计算应纳税所得额时，下列支出不得扣除：向投资者支付的股息、红利等权益性投资收益款项；企业所得税税款；税收滞纳金；罚金、罚款和被没收财物的损失；公益性捐赠支出以外的捐赠支出；赞助支出；未经核定的准备金支出；与取得收入无关的其他支出。

（二）企业所得税应纳税额的确定

企业所得税的应纳税额，是指企业的应纳税所得额乘以适用税率，减除按照《企业所得税法》关于税收优惠的规定减免和抵免的税额后的余额。

企业所得税的应纳税额的计算公式：

应纳税额 = 应纳税所得额 × 适用税率 − 减免税额 − 抵免税额

所称减免税额和抵免税额，是指依照企业所得税法和国务院的税收优惠规定减征、免征和抵免的应纳税额。

企业抵免境外所得税额后实际应纳所得税额的计算公式：

企业实际应纳所得税 = 企业境内外所得应纳税总额 − 企业所得税减免、抵免优惠税额 − 境外所得税抵免额

【例3-1】甲建安小型建筑施工企业，采用核定征收办法计算缴纳企业所得税。2016年3月20日向其主管税务机关申报2015年度企业所得税。该企业取得收入总额225万元，发生的直接成本175万元，其他费用35万元，全年实现利润15万元。经税务机关检查，按收入总额计算征收企业所得税，假定该企业应税所得率为20%，适用所得税税率25%，2015年度应缴纳的企业所得税计算如下：

应纳税所得额 = 225 × 20% = 45（万元）

应纳税额 = 45 × 25% = 11.25（万元）

节　税　锦　言

　　纳税人对税务机关确定的企业所得税征收方式、核定的应纳所得税额或应税所得率有异议的，应当提供合法、有效的相关证据，税务机关经核实后调整有异议的事项。纳税人实行核定方式征收企业所得税的，其纳税申报办法按国家税务总局有关规定执行。

第二节　企业所得税的节税设计

一、选择企业组织形式进行节税设计

　　不同的组织形式对是否构成纳税人，有着不同的结果。公司在设立下属公司时，选择设立子公司还是分公司会对企业所得税负产生影响。子公司是独立法人，应当作为独立的纳税义务人单独缴纳企业所得税，如果子公司盈利，母公司亏损，其利润不能并入母公司利润，造成盈亏不能相抵多缴企业所得税的结果；若子公司亏损，母公司盈利，也不能盈亏相抵。而分公司不是独立法人，只能将其利润并入母公司汇总缴纳企业所得税，具有盈亏相抵的作用，能降低总公司整体的税负。

　　业务招待费、广告费和业务宣传费均是以营业收入为依据计算扣除标准的，如果纳税人将企业的销售部门设立成一个独立核算的销售公司，将企业产品销售给公司，再由公司对外销售，这样就增加了一道营业收入，而整个利益集团的利润总额并未改变，费用扣除的"限制"可同时获得"解放"。

　　因此，公司在设立下属公司时，要考虑好各种组织形式的利弊，做好所得税的纳税筹划，合理选择企业组织形式，决定是设立子公司还是设立分公司。创业初期有限的收入不足抵减大量的支出的企业一般应设为分公司，而能够迅速实现盈利的企业一般应设为法人，另外，具有法人资格的子公司，在符合"小型微利企业"的条件下，还可以减按20%的税率缴纳企业所得税。

节 税 锦 言

　　设立销售公司除了可以节税外，对于扩大产品销售市场，加强销售管理均具有重要的意义，但也会因此增加一些管理成本。纳税人应根据企业规模的大小以及产品的具体特点，兼顾成本与效益原则，从长远利益考虑，决定是否设立分公司。

　　【例3-2】甲服务企业2016年度实现产品销售收入4 000万元，"销售费用"中列支广告宣传费900万元，税前会计利润总额为50万元。按相关扣除比例规定，其可扣除的广告宣传费为4 000 × 15% = 600万元，超支额为300万元。该企业总计应纳税所得额为350万元，应纳企业所得税87.5万元，等于吃掉了全年的经营利润。求该企业如何安排可以节约纳税负担。

　　解：若该企业将产品以3 500万元的价格销售给商业公司，商业公司再以4 000万元的价格对外销售。该企业与商业公司发生广告宣传费分别为400万元、500万元，均不超过税法规定的标准。假设该企业的税前利润为20万元，商业公司的税前利润为30万元，则两企业分别缴纳企业所得税5万元和7.5万元，整个利益集团应纳所得税额为12.5万元，节省所得税75万元。

二、根据税收优惠条件进行节税设计

　　新的《企业所得税法》改变了原来的税收优惠格局，实行"以行业优惠为主，区域优惠为辅"的政策。企业如果充分利用税收优惠政策，就可享受节税效益，企业所得税的优惠政策许多都是以扣除项目或可抵减应税所得制定的，准确掌握这些政策，用好、用足税收优惠政策本身就是纳税筹划的过程。

　　（一）利用优惠年度

　　对于新办企业，如为年度中期开业，当年实际生产经营期不足6个月的，可向主管税务机关申请选择就当年所得缴纳企业所得税，其减征、免征企业所得税的执行期限，可以推延至下一年度计算。如企业已选择该办法后，次年度发生亏损，其上一年度已缴纳税款，不予退库。亏损年度应计算为减免执行期限，其亏损额可按规定用以后年度的所得抵补。

因此，如果新创办的符合减免条件的企业当年实际经营不足 6 个月，而且能够预测到第二年的经济效益较当年好，则可以选择第二年为免税年度，这样享受到的优惠更大；反之，若预计第二年的收益不如当年或仅稍强于当年，倒不如选择创办当年为免税年度。

税法规定，纳税人发生年度亏损，可以用下一纳税年度的所得弥补；下一纳税年度的所得不足弥补的，可以逐年延续弥补，但是延续弥补期最长不超过 5 年。这一规定适用于不同经济成分、不同经营组织形式的企业。弥补亏损对企业来说非常重要，因为企业发生亏损后，是否可以在以后的 5 年内将全部亏损弥补完，直接影响到企业的经济效益。

（二）利用内外资企业差异

历来有许多内资企业利用各种手段转变"内资"身份为外资身份以达到避税的目的，甚至运用非法手段成立虚假外商投资企业，来获得更多税收优惠。新的《企业所得税法》实施实现了内外资企业所得税的统一，尤其是外资企业的超国民待遇（享受企业所得税税率、税前扣除标准和税收优惠政策等）的取消，使内资企业能够与外资企业在公平、公正的条件下开展有序竞争。《企业所得税法》统一了纳税人的身份和税收待遇，以往这种常见纳税筹划的思路和方法已经不再适用。

（三）选择投资地区

国家为了适应各地区不同的情况，相继对一些不同的地区制定了不同的税收政策，为进行投资地区的纳税筹划提供了空间。投资者选择投资地点，除了考虑投资地点的硬环境等常规的因素外，不同地点的税收差异也应作为考虑的重点。税收作为最重要的经济杠杆，体现着国家的经济政策和税收政策。例如，为了配合对外开放政策由沿海向内地推进战略布局的贯彻落实，国家对不同的区域给予不同的税收待遇，出台了许多诸如经济特区、经济开发区、沿海开放城市等税收优惠政策。这种区域性的税收优惠差异，要求投资者在投资决策之前，认真进行筹划研究，找出几个可能投资的区域并拟出相应的投资方案。在充分调查、研究的基础上，计算各个投资方案的成本、收益及税负水平，权衡比较各方案后，选择既能减轻企业税收负担又能使企业获得最大经济效益的区域投资方案，做出投资决策。

（四）合理利用税收优惠方针

《企业所得税法》规定，企业发生的以下支出可以加计扣除：1.开发新技术、新产品、新工艺发生的研究开发费用可以加计扣除50%；2.安置残疾人员及国家鼓励安置的其他就业人员所支付的工资可以加计扣除100%。

利用这项税收优惠政策，可以在产品研发、从业人员构成等方面进行筹划，比如尽可能地开发新技术、新产品、新工艺，尽可能地聘用残疾人员及国家鼓励安置的其他就业人员从事生产经营等活动，可以增加扣除项目金额，减少应纳税所得额，从而减少企业所得税。

再如，《企业所得税法》规定，具备以下条件的小型微利企业实行20%的优惠税率政策：1.从事国家非限制和非禁止行业；2.工业企业，年度应纳税所得额不超过30万元，从业人数不超过100人，资产总额不超过3 000万元；3.其他企业，年度应纳税所得额不超过30万元，从业人数不超过80人，资产总额不超过1 000万元。

利用这项税收优惠政策，对于已经成立很久的中小企业来说，可以利用新税法关于小型微利企业的优惠税率进行筹划。

节 税 锦 言

选择税收优惠作为纳税筹划方式时，应注意2个问题：1.纳税人不得曲解税收优惠条款，滥用税收优惠，甚至以欺骗手段骗取税收优惠；2.纳税人应充分了解税收优惠条款，并按规定程序在规定时间进行申请，避免因程序不当而失去应有税收优惠的权益。

企业应当密切关注国家有关企业所得税相关法律法规等政策的变化，准确理解企业所得税法律法规的政策实质，及时调整企业所得税纳税筹划的思路和方法，注意纳税筹划的时效性，比如，原先的一些常用纳税筹划的思路和方法已经不再适用。

三、利用税法规定扣除项目进行节税设计

按照《企业所得税法》的规定，企业实际发生的与取得收入有关的、合理的支出，包括成本、费用、税金、损失和其他支出，准予在计算应纳税所得额时扣除，所以，纳税人应尽量在税法认可的、相关的、合理的范围内，

将成本、费用、税金、损失和其他支出在税前多扣除。对这类费用一般采用以下筹划方法。

（一）原则上遵照税法的规定进行抵扣，避免因纳税调整而增加企业税负

工资薪金支出及职工福利费、工会经费、职工教育经费的扣除。所得税法取消了计税工资制度，纳税人发生的真实、合法、合理的工资薪金支出，准予税前扣除；纳税人发生的职工福利支出，不超过工资薪金总额14%的部分，准予税前扣除；纳税人拨缴的职工工会经费，不超过工资薪金总额2%的部分，准予税前扣除：除有特殊规定外，纳税人发生的职工教育经费支出，不超过工资薪金总额的 2.5%的部分，准予税前扣除，超过部分，准予在以后纳税年度结转扣除。这些新税法的规定，对内资企业来说是一个很大的利好政策，企业要充分运用这些政策。但企业一定要注意参考同行业的正常工资水平，如果工资支出大幅超过同行业的正常工资水平，则税务机关可能认定为"非合理的支出"而予以纳税调整。

（二）区分不同费用项目的核算范围，使税法允许扣除的费用标准得以充分抵扣，并用好、用足、用活

新的《企业所得税法》为了使企业损益计算与国际接轨，使内外资企业税负公平，在企业所得税的税前扣除范围上有所扩大，标准有所提高，这样规定也是鼓励企业参加国际竞争的需要，从核算理念上体现了从利润表观向资产负债表观的转变。企业应当充分利用税法的新规定，合理计算税前扣除费用，正确执行税法，依法纳税。

（三）费用的合理转化，将有扣除标准的费用通过统筹安排，转化为没有扣除标准的费用，加大扣除项目总额，降低应纳税所得额

例如，企业可以尽量将招待客户的支出计入业务宣传费，而不是计入业务招待费，因为按照税法的规定，企业发生的业务招待费支出只能按照实际发生额的60％扣除，且最高不得超过当年销售（营业）收入的5％；而企业发生的广告费和业务宣传费支出，不超过当年销售（营业）收入15％的部分，准予扣除业务宣传费的扣除比例显然比业务招待费的扣除比例高。将招待客户的支出计入业务宣传费而不是计入业务招待费，显然可以多在税前扣除。

【例3-3】甲企业现有职工610余人，预计2016年可向全体职工支付的工资总额约为5 000万元（符合规定的企业所得税税前扣除合理的工资标准），在安排当年职工福利时有三个方案：第一个方案，福利总额为500万元；第二个方案，福利总额为850万元；第三个方案，福利总额为690万元。

请从福利安排对企业所得税影响的角度进行分析。

计算企业所得税允许税前扣除的职工福利金额：5 000×14％=700（万元）

对三个方案进行分析：

第一个方案，虽然安排的职工福利在计算企业所得税的时候可以在税前全部扣除，不会增加企业的所得税负担，但是，由于为职工安排的福利远远低于规定可以扣除的标准（700-500=200万元），说明企业未能充分利用税法规定免税限额为职工谋取最大福利。

第二个方案，职工福利安排总额大幅超过规定的税前扣除标准（850-700=150万元），则在计算缴纳企业所得税时，将为此多缴企业所得税150×25％=37.5万元，增加了企业所得税负担。

第三个方案，职工福利安排与规定税前扣除标准接近，既充分利用税法规定免税限额为职工谋取最大福利，又没有为此多缴税，增加企业所得税负担，故是应选择的最优方案。

四、扣除企业研发费用的节税设计

企业所得税税法规定，企业开发新技术、新产品、新工艺发生的研究开发费用，可以在计算应纳税所得额时加计扣除。研发活动，是指企业为获得科学与技术新知识，创造性运用科学技术新知识，或实质性改进技术、产品（服务）、工艺而持续进行的具有明确目标的系统性活动。

企业开展研发活动中实际发生的研发费用，未形成无形资产计入当期损益的，在按规定据实扣除的基础上，按照本年度实际发生额的50%，从本年度应纳税所得额中扣除；形成无形资产的，按照无形资产成本的150%在税前摊销。

可以加计扣除的研发费用包括：人员人工费用、直接投入费用、折旧费用、无形资产摊销、新产品设计费、新工艺规程制定费、新药研制的临床试验费、勘探开发技术的现场试验费和其他相关费用。

与研发活动直接相关的其他费用,如技术图书资料费、资料翻译费、专家咨询费、高新科技研发保险费,研发成果的检索、分析、评议、论证、鉴定、评审、评估、验收费用,知识产权的申请费、注册费、代理费、差旅费、会议费等。此项费用总额不得超过可加计扣除研发费用总额的10%。

对企业共同合作开发的项目,凡符合上述条件的,由合作各方就自身承担的研发费用分别按照规定计算加计扣除;对企业委托给外单位进行开发的研发费用,凡符合上述条件的,由委托方按照规定计算加计扣除,受托方不得再进行加计扣除;对委托开发的项目,受托方应向委托方提供该研发项目的费用支出明细情况,否则,该委托开发项目的费用支出不得实行加计扣除。

研发费用计入当期损益未形成无形资产的,允许再按其当年研发费用实际发生额的50%,直接抵扣当年的应纳税所得额;研发费用形成无形资产的,按照该无形资产成本的150%在税前摊销。除法律另有规定外,摊销年限不得低于10年。

【例3-4】甲公司急需一项革新技术,但不能自主研发,了解到A高校正准备进行相关的技术开发。现有两种方案可供甲公司进行选择:一是待该技术研发成功后以400万元购入;另一方案是委托其开发技术,双方签订委托开发合同,在技术开发成功后支付开发费400万元给该高校,甲公司即如约获得该技术所有权。这两种方案孰优孰劣呢?

筹划分析:

如果采用第一种方案,按我国税法规定,甲公司购买其他单位或个人的技术必须作为无形资产入账,在该法律保护期限或合同约定使用期限内平均分期扣除。如果甲公司将购入技术分十年扣除,则每年税前扣除金额为40万元。

如果采用第二种方案,甲公司则可将其支付的400万元作为技术开发费。按税法规定,不但可直接在当期税前扣除,而且甲公司当年的技术开发费用比上年增长10%(含10%)以上的,还可以按当年技术开发费实际发生额的50%,抵扣当年度的应纳税所得额(习惯上称为加计扣除)。甲公司如达到上述国家规定的增长比例,即可获得200万元抵减应税所得的指标。

五、充分利用税率进行节税设计

企业所得税税率是体现国家与企业分配关系的核心要素。企业所得税的税率为25％。符合条件的小型微利企业，可减按20％的税率缴纳企业所得税。国家需要重点扶持的高新技术企业，可减按15％的税率缴纳企业所得税。税率的税务筹划无外乎尽量降低企业适用的税率。这就要求企业根据企业所得税法的低税率优惠来进行筹划。

（一）享受小型微利企业的优惠进行节税

小型微利企业是指从事国家非限制和禁止行业，并符合下列条件的企业：工业企业，年度应纳税所得额不超过30万元，从业人数不超过100人，资产总额不超过3 000万元；其他企业，年度应纳税所得额不超过30万元，从业人数不超过80人，资产总额不超过1 000万元。

对符合条件的小型微利企业，减按20％的税率征收企业所得税。从规定内容来看，也是两个条件：一是年度应纳税所得额的规模，不得超过30万元；二是企业规模的限制，包括从业人数和资产总额。对能够达到规模要求的企业，只有在年度应纳税所得额略超过30万元的前提下才有筹划的空间和意义。

要享受小型微利企业的低税率优惠，必须符合税法规定的上述条件，仔细分析小型微利企业的认定条件，可以发现其中的企业盈利水平不仅是动态变化的，而且相对不容易受企业主动掌控。因此，应该将企业盈利水平作为小型微利企业税率筹划的突破点。

节 税 锦 言

从企业所得税法对小型微利企业低税率政策适用的限制条件看，小型微利企业限制从业人员不能超过规定的标准，有可能会导致一些企业为了追求低税率而裁员，这对促进就业是不利的，也违背了立法的初衷。但是作为纳税人，企业必须执行税法的规定，享受税收优惠的前提是服从税法规定的标准。

企业应根据自身的经营范围、业务性质和业务量的需求等因素来确定自身的规模。从业人数和资产规模处在与税法临界的水平时，可以考虑将从业人数和资产总额控制在相应规模以内。在此基础上，如果在年度终了时实现的应纳税所得额略超过30万元，可以进行一定程度的调整，比如推迟部分收入确认、提前部分费用的扣除，不过这种做法会加大下一个年度的应纳税所得额；如果在当期加大费用支出，比如多发工资、适量捐赠，还要对比支出和所获得的税收利益的大小。

【例3-5】某建筑公司主要从事建筑、安装工程和建筑装饰劳务。2016年的应纳税额所得额为200万元，其中这三项业务的应纳税所得额分别为140万元、30万元和30万元。假设没有纳税调整项目，即税前利润正好等于应纳税所得额。公司现有职工118人，资产总额3 400万元。请为该建筑公司做出纳税筹划方案。

解析：纳税筹划前，甲建筑公司应按25%的税率计算应纳企业所得税。

应纳企业所得税 $=200 \times 25\% =50$（万元）

纳税筹划方案为：该建筑公司应采用分立的方式，设立三个独立法人的纳税单位，将这三项业务分别核算，这样安装工程和建筑装饰劳务的应纳税额所得额满足小型微利企业的划型标准，再将这两个企业的职工人数控制在80人以下，资产总额控制在1 000万元以下。这样，根据小型微利企业的相关规定，安装工程的应纳税所得额按20%的税率纳税，建筑装饰劳务的应纳税额所得额按10%的税率纳税，纳税筹划后企业的纳税情况：

建筑工程应纳企业所得税 $=140 \times 25\% =35$（万元）

安装工程应纳企业所得税 $=30 \times 20\% =6$（万元）

建筑装饰劳务应纳企业所得税 $=10 \times 10\% =1$（万元）

该建筑公司合计应纳企业所得税总额 $=35+6+1=42$（万元）

通过纳税筹划，该建筑公司少缴纳企业所得税8万元。因此，通过分立，将企业转化为小型微利企业，可以少缴纳企业所得税。

（二）满足高新技术企业要求的节税设计

国家需要重点扶持的高新技术企业是指拥有核心自主知识产权，并同时符合下列条件的企业：

1. 产品（服务）属于《国家重点支持的高新技术领域》规定的范围；

2. 研究开发费用占销售收入的比例不低于规定比例；

3. 高新技术产品（服务）收入占企业总收入的比例不低于规定比例；

4. 科技人员占企业职工总数的比例不低于规定比例；

5.高新技术企业认定管理办法规定的其他条件。

按规定，对国家需要重点扶持的高新技术企业，减按15%的税率征收企业所得税。

新税法还规定，对经济特区（深圳、珠海、汕头、厦门和海南）和上海浦东新区内在2008年1月2日（含）之后完成登记注册的国家需要重点扶持的高新技术企业，在经济特区和上海浦东新区内取得的所得，自取得第一笔生产经营收入所属纳税年度起，第1年～第2年免征企业所得税，第3年～第5年按照25%的法定税率减半征收企业所得税。其中，对高新技术企业的认定按照税法统一规定执行。这个政策存在税务筹划的空间。

【例3-6】甲公司准备成立一家高新技术企业，预计该企业年应税所得平均为2 500万元，适用的所得税税率为15%。该公司财务部经理在听了一次税收筹划讲座后，意识到公司可通过适当的税收筹划来降低税负。于是，他向A会计师事务所进行咨询并采纳其方案，2016年在深圳设立该高新技术企业。该公司进行税收筹划前后，其所属的高新技术企业的所得税税负会有明显变化。

筹划前：2016年该高新技术企业的应纳企业所得税税额为2 500×15%＝375万元。

筹划后：2016年该高新技术企业可以享受第1年～第2年免征企业所得税，第3年～第5年减半征收企业所得税的优惠政策。这样，第3年～第5年每年该高新技术企业的应纳企业所得税税额为2 500×15%×50%＝187.5万元。

通过税收筹划，该企业前5年可以少缴纳企业所得税375×2+187.5×3＝1 312.5万元。

（三）利用预提所得税制度进行税务筹划

预提所得税制度是指一国政府对没有在该国境内设立机构场所的外国公司、企业和其他经济组织从该国取得的股息、利息、红利、租金、特许权使用费所得；或者虽设立机构场所，但取得的所得与其所设机构场所没有实际联系的，由支付单位按支付金额扣缴所得税的一种制度。

【例3-7】甲外国企业拟向我国公司进行投资，经市场调查，本项投资预计每年可获红利600万元。该外国企业面临以下2种选择：

（1）在中国境内设立此项投资的实际管理机构；

（2）在中国境内既不设立此项投资的实际管理机构，也不设立代理机构。

对上述两种不同的选择，请具体分析该外国企业面临按不同的税率缴纳税款的具体计算过程。

（1）第一种情况，如果该外国企业在中国境内设立了此项投资的实际管理机构，则一般认为属于中国的居民纳税人，应当按25%的税率计算缴纳企业所得税，则需缴纳的税额=600×25%=150（万元）。

（2）第二种情况，如果该外国企业在中国境内既不设立此项投资的实际管理机构，也不设立代理机构的，则属于我国的非居民纳税人，按其来源于中国境内的所得的10%计算缴纳预提所得税，则需缴纳的税额=600×10%=60（万元）。

结论：第二种情况比第一种情况少缴税款90万元。

六、固定资产折旧的节税设计

企业的固定资产由于技术进步等原因，确需加速折旧的，可以缩短折旧年限或者采取加速折旧的方法。可以享受这一优惠的固定资产包括：由于技术进步，产品更新换代较快的固定资产；和常年处于强震动、高腐蚀状态的固定资产。采取缩短折旧年限方法的，最低折旧年限不得低于规定折旧年限的60%；采取加速折旧方法的，可以采取双倍余额递进法或者年数总和法。

固定资产折旧是缴纳所得税前准予扣除的项目，在收入既定的情况下，折旧额越大，应纳税所得额就越少。具体可以从折旧方法的选择、折旧年限的估计和净残值的确定等方面进行筹划。

（一）折旧方法的选择

采用不同的折旧方法所计算出来的折旧额在量上不一致，分摊到各期的固定资产成本也存在差异，从而影响到企业的应纳税所得额。折旧方法选择的纳税筹划应立足于使折旧费用的抵税效应得到最充分或最快的发挥。在不同情况下，应选择不同的折旧方法，才能使企业的所得税税负降低。

固定资产的折旧方法主要有平均年限法、双倍余额递减法和年数总和法。在这三种方法中，双倍余额递减法、年数总和法可以使前期多提折旧，后期少提折旧。在折旧方法确定之后，首先应估计折旧年限。在税率不变的前提下，企业可尽量选择最低的折旧年限。

由于盈利企业的折旧费用能从当年的所得额中税前扣除，即折旧费用的抵税效应能够完全发挥。因此，在选择折旧方法时，应着眼于使折旧费用的抵税效应尽可能早地发挥作用。处于减免所得税优惠期内的企业，由于减免税期内折旧费用的抵税效应会全部或部分地被减免优惠所抵消，所以应选择减免税期内折旧少、非减免税期折旧多的折旧方法。亏损企业的折旧方法选择应同企业的亏损弥补情况相结合。选择的折旧方法，必须能使不能得到或不能完全得到税前弥补的亏损年度的折旧额降低，保证折旧费用的抵税效应得到最大限度的发挥。

（二）折旧年限的选择

除国务院财政、税务主管部门另有规定外，固定资产计算折旧的最低年限分别为房屋、建筑物为 20 年；飞机、火车、轮船、机器、机械和其他生产设备为 10 年；与生产经营活动有关的器具工具、家具等为 5 年；飞机、火车、轮船以外的运输工具为 4 年；电子设备为 3 年。企业对于符合条件的固定资产可以缩短折旧年限或者采取加速折旧的方法。

（三）净残值的确定

新《企业所得税法》不再对固定资产净残值率规定下限，企业可以根据固定资产性质和使用情况，合理确定固定资产的预计净残值。一经确定，不得变更。由于情况特殊，需调整残值比例的，应报税务机关备案。因此，在税率不变的前提下，企业在估计净残值时，应尽量低估，以便相对提高企业的折旧总额，从而使企业在折旧期间少缴纳所得税。这样，在税率不变的情况下，固定资产成本可以提前收回，企业生产经营前期应纳税所得额减少，后期应纳税所得额增加，可以获得延期纳税的好处，从资金的时间价值方面来说，企业前期减少的应纳所得税额相当于企业取得了相应的融资贷款。

七、合理的列支费用支出进行节税设计

及时合理的列支费用支出主要表现在费用的列支标准、列支期间、列支数额、扣除限额等方面，具体来讲，进行费用列支应注意以下 6 点。

（一）发生商品购销行为要取得符合要求的发票

企业发生购入商品行为，却没有取得发票，只是以白条或其他无效的凭证入账，在没有取得发票的情况下所发生的此项支出，不能在企业所得税前扣除。

（二）费用发生及时入账

企业发生的支出应当区分收益性支出和资本性支出。税法规定纳税人某一纳税年度应申报的可扣除费用不得提前或滞后申报扣除。所以，在费用发生时要及时入账。另外，还有企业已经发生的坏账、呆账应及时列入费用。存货的盘亏及毁损应及时查明原因，属于正常损耗部分及时列入费用，以便在税前扣除。

（三）费用支出要取得符合规定的发票

在日常检查中发现纳税人使用不符合规定发票特别是没有填开付款方全称的发票，不得允许纳税人用于税前扣除、抵扣税款、出口退税和财务报销。故而，没有填写或填写、打印单位名称不完整的发票所列支的成本费用是不能够税前扣除的。

例如，企业在酒店招待客人的费用支出，只有收据而没有索取发票，则用收据列支的费用不得税前扣除；企业在酒店招待客人的费用支出，入账的发票是国税局监制的定额发票，则因为酒店应当使用地税局监制的发票而不得税前扣除；企业销售货物时发生的运费支出，没有向运输业主索要运费发票，失去了在所得税前扣除的条件。

（四）适当缩短摊销期限

以后年度需要分摊列支的费用、损失的摊销期要适当缩短，如长期待摊费用等的摊销应在税法允许范围内选择最短年限，增大前几年的费用扣除，递延纳税时间。

（五）对于限额列支的费用争取充分列支

限额列支的费用有业务招待费（发生额的 60%，最高不得超过当年销售收入的 0.5%）；广告费和业务宣传费（不超过当年销售收入 15% 的部分）；公益性捐赠支出（符合相关条件，不超过年度利润总额 12% 的部分）等，应准确掌握这类科目的列支标准，避免把不属于此类费用的项目列入此类科目多纳所得税，也不要为了减少纳税将属于此类费用的项目列入其他项目，以防造成偷逃税款而被罚款等严重后果。

（六）争取其他部门的配合

要做到及时合理地列支费用支出，还必须得到领导的支持和有关部门的配合，为了取得合规票据，要向广大员工解释合规票据的重要性，讲解合规票据的识别方法，还要取得领导的支持，对不符合规定的票据一律不予签字报销。为了及时入账，最好形成限期报销制度，督促各部门人员及时报销费用，以免出现跨年度费用。

八、纳税申报过程中的节税设计

企业所得税是对企业的生产经营所得和其他所得征收的一种税。企业所得税的轻重、多寡，直接影响税后净利润的形成，关系到企业的切身利益。因此，企业所得税在申报过程中的节税设计主要从以下2个方面进行。

（一）分期预缴年终汇算清缴的节税设计

企业所得税采取按年计算、分期预缴、年终汇算清缴的办法征收。预缴是为了保证税款及时、均衡入库的一种手段。但是企业的收入和费用列支，要在一个会计年度结束后才能完整计算出来，平时在预缴中不管是按照上年应纳税所得额的一定比例预缴，还是按纳税期的实际数预缴，都存在不能准确计算当期应纳税所得额的问题。企业由于受任务或季节因素的影响，会在某一段时期多列支一些费用，在另一段时期少列支一些费用，但总体不突破税法规定的扣除标准。国家税务总局规定：企业在预缴中少缴的税款不作为偷税处理。

（二）降低盈利年度应纳税所得额的节税设计

企业所得税依据各年度的盈利情况计算缴纳，盈利年度缴纳，亏损年度不纳税。

然而，企业亏损年度只能通过冲抵期后年度的应纳税所得弥补，而不能从以前盈利年度已纳税额中得到返还照顾。以前年度的盈利对企业即意味着预缴税款。如果企业对积压的库存产品进行削价处理，可以使当期的应纳税所得额减少，进而降低应纳所得税（当其应纳的增值税也得以降低）。

企业在年初汇算清缴上一年度所得税时，多预缴的所得税税款，若没有退还给企业，可以在本年度内抵缴。

企业来源于我国境外的所得，已经在境外缴纳的所得税税额，准予在汇总纳税时，从其应纳税额中扣除。具体扣除方法有 2 种：一种是分国不分项计算扣除，另一种是定率扣除。企业可以选择一种方法计算扣除。计算出的境外所得税款扣除限额即为应补税的境外投资收益的抵免额。

【例3-8】甲公司 2016 年全年实现利润 4 237 500 元，其中包括美国分公司取得经营利润 600 000 元，已经在美国缴纳所得税 210 000 元；在南非所设办事处取得利润 175 000 元，已经在南非缴纳所得税 21 000 元。

若采用分国不分项计算，则其境外所得在汇总缴纳所得税时的扣除限额为：

美国所得的扣除限额 =4 237 500×25%×（600 000÷4 237 500）=150 000（元）

在美国实际缴纳的税款 210 000 元，则在汇总缴纳企业所得税时可以扣除 150 000 元，其余 60 000 元留等以后年度补扣。

南非所得的扣除限额 =4 237 500×25%×（175 000÷4 237 500）=43 750（元）

在南非实际缴纳的税款 20 000 元，低于扣除限额，则在汇总缴纳企业所得税时可以将实际缴纳的税款 21 000 元全额予以扣除。

应补税的境外投资收益的抵免额 =150 000+21 000=171 000（元）

若采用定率扣除法，则在汇总缴纳企业所得税时，准予扣除的境外已纳税款 =（600 000+175 000）×12.5% =96 875（元）

应补税的境外投资收益的抵免额为 96 875 元。

通过比较，该企业应采用第一种方法。

九、利用预缴企业所得税的节税设计

企业所得税采取按年计算、分期预缴、年终汇算清缴的办法征收。预缴是为了保证税款及时、均衡入库的一种手段。但是由于企业的收入和费用列支要到一个会计年度结束后才能完整计算出来，因此平时在预缴中不管是按照上年应纳税所得额的一定比例预缴，还是按纳税期的实际数预缴，都存在不能准确计算当期应纳税所得额的问题。而且企业由于受任务或季节因素的影响，会在某一段时期多列支一些费用，在另一段时期少列支一些费用，但总体不突破税法规定的扣除标准。预缴企业所得税的纳税节税方法主要有以下 2 点。

（一）纳税人应争取采用按季度预缴企业所得税的方法

企业所得税分月或者分季预缴，由税务机关具体核定。但是，纳税人应尽量向当地税务机关申请，争取核定为按照季度预缴企业所得税。

【例3-9】甲企业应纳企业所得税适用25%的税率，经税务机关核定是按照季度申报缴纳企业所得税。2016年第一季度生产任务相对集中，产品正值销售旺季，按照正常的费用列支，在不存在费用超标的情况下，第一季度的应纳税所得额为200 000元；而第二季度进入了生产淡季，销售收入较少，第二季度的应纳税所得额为-140 000元。请为该企业做出纳税筹划方案。

解析：纳税筹划前，由于该企业收入不均衡，造成第一季度要预缴较多的企业所得税，而第二季度亏损，却不能抵缴第一季度的利润，出现企业多预缴企业所得税的情况。

该企业应预缴的企业所得税=200 000×25%=50 000（元）

纳税筹划方案：该企业应在第一季度增加成本费用的列支，比如将第二季度的一些成本费用计入第一季度，如给职工多发奖金100 000元，多列支业务招待费40 000元，这样该企业第一季度应纳税所得额减少140 000元。

经过纳税筹划后，该企业一季度应纳税所得额减少140 000元。

该企业少预缴企业所得税=140 000×25%=35 000（元）

通过纳税筹划，该企业比筹划前少预缴企业所得税35 000元，纳税义务的滞后使企业获得了这笔税款的时间价值，相当于享受了国家的无息贷款。

（二）合理控制预缴金额，力争不存在多预缴税款的情况

纳税人经常受市场和季节等因素的影响，其收入具有一定的不确定性，一般会出现上半年收入较多而支出较少，而下半年收入较少而支出较多的情况。由于发票已经开出，确认收入必须纳税，结果到年终发现纳税人多缴了很多企业所得税。纳税人多缴的企业所得税可以抵缴下一年度应纳企业所得税税款。如果抵缴后仍有结余的，或下一年度发生亏损的，才允许办理税款退库。如果多预缴税款，会造成企业资金被占用，损失了资金的时间价值。纳税人应根据税务机关对企业所得税预缴管理目标的要求，将企业所得税预缴税款比例控制在全年应缴税款的70%，力争年终不存在多预缴税款现象。

企业的会计利润是按照财务会计制度的规定计算的，而计算企业所得税的"应纳税所得额"则是在会计利润的基础上，按照税法规定进行纳税调整而确定的。这种纳税调整只是在纳税筹划每年预缴完所得税之后，年度终了后45日内进行。因而要想节省成本，增加可"流动"的资金又不违反税收法规，只有在预缴所得税和纳税调整上进行筹划。

【例3-10】甲企业2016年每月利润均衡实现15 000元，每月都有超过税法规定扣除标准的计税工资和招待费等因素15 000元。如果每月都按实际数申报预缴企业所得税，按法定税率25%计算，每月要申报纳税7 500元。如果每月都按15 000元申报，只需申报纳税3 750元；如果等到年度终了后一次汇算清缴，在45日内申报，而且只申报不缴纳，等到年度终了后4个月内的最后一天缴纳，税务机关也不加收滞纳金。这样在企业一年的大部分经营期间里，就可拥有更多的流动资金。无须列出公式计算就可以知道这样做对企业生产经营的资金使用有不少好处！

节 税 锦 言

企业所得税，按照当地主管税务机关的规定，或者分月或者分季预缴，不预缴是要受到处罚的。因此，问题的关键在于企业如何做到合法地在预缴期间尽可能少预缴，特别是不在年终形成多预缴需退税的结果。办法是根据企业的实际情况，确定最佳的预缴方法。例如，如果企业预计今年的效益比上一年度要好，则可选择按上一年度应纳税所得额的一定比例预缴，反之，则应按实际数预缴。

十、外币业务的节税设计

企业外币业务是指业务以记账本位币以外的其他货币进行款项的收付、往来核算和计价的经济业务。按照我国目前会计制度规定，企业筹建期间以及固定资产购建期间所发生的汇兑损益应当予以资本化，而生产经营期间发生的汇兑损益则直接计入当期损益。

企业日常外币业务所发生的汇兑损益原则上都是直接计入当期损益，其所得税筹划的关键是通过选取适当的记账汇率，使得核算出的净汇兑损失最大化或净汇兑收益最小化，从而尽量使企业当期的应纳税所得额最小化。

现行会计制度规定，企业进行外币业务核算时，可以选择外币业务发生当日的市场汇率作为记账汇率，也可以选择外币业务发生当期期初的市场汇率作为记账汇率，一般是选取当月1日的市场汇率。在月份（或季度、年度）终了时，将各外币账户的期末余额，按期末时市场汇率折算为记账本位币金额，其与相对应的记账本位币账户期末余额之间的差额，确认为汇兑损益。

如果本期的外币债权发生额大于本期的外币债务发生额，在汇率持续上升时，选取当日汇率有利；而在汇率持续下降时，选取当月1日汇率有利。若本期的外币债权发生额小于本期的外币债务发生额，则在汇率持续上升时，选取当月1日汇率有利；而在汇率持续下降时，选取当日汇率有利。

【例3-11】甲企业用人民币为记账本位币，有美元外币账户。企业用100 000美元到银行兑换为人民币。银行当日美元买入价为1美元＝6.23元人民币，当月1日市场汇率为1美元＝6.2元人民币，当日市场汇率为1美元＝6.35元人民币。

若该企业选取当日市场汇率为记账汇率，则有汇兑损失6 000元；若该企业选取当月1日汇率为记账汇率，则有汇兑收益1 500元。所以在汇率上升时，此笔业务选取当日汇率为记账汇率较为有利，而汇率下降时则选取当月1日汇率较为有利。

甲企业用人民币为记账本位币，有美元外币账户。企业用人民币到银行兑换50 000美元。银行当日美元卖出价为1美元＝6.43元人民币，当月1日市场汇率为1美元＝6.2元人民币，当日市场汇率为1美元＝6.34元人民币。

企业若选取当日汇率为记账汇率，则有汇兑损失4 500元；若选取当月1日汇率为记账汇率，则有汇兑损失11 500元。所以这笔业务在汇率上升时，选取当月1日汇率为记账汇率有利；而在汇率下降时，则选取当日汇率较为有利。

节 税 锦 言

外币兑换业务的所得税筹划要点：在外汇汇率持续上升，也就是外币升值时，企业卖出外币，选取当日汇率为记账汇率有利；买入外币，选取当期期初汇率有利。在外汇汇率持续下降，也就是外币贬值时，企业卖出外币，选取当期期初汇率为记账汇率有利；买入外币，选取当日汇率有利。

对于外币调整业务，由于月末需要调整的账户主要是外币账户，对于允许开立现汇账户的企业，企业需要设置的外币账户主要有外币现金、外币银行存款以及外币结算的债权债务账户。外币结算的债权账户包括应收账款、应收票据、预付货款等；外币结算的债务账户包括短期借款、长期借款、应付账款、应付票据、应付工资、预付货款等。

对于不允许开立现汇账户的企业可以设置除外币现金和外币银行存款之外的所有账户。企业发生的外币业务若是只引起上述账户间增减变动，无论选取业务发生当日汇率还是当期期初汇率作为记账汇率，期末调整时核算出的汇兑损益结果一样，没有筹划余地；但若企业发生的外币业务引起上述账户和期末不需调整的账户间增减变动，如用外币购买原材料或机器设备、发生外币销售等业务，则选取不同的记账汇率核算出的汇兑损益结果大不一样。

【例3-12】甲企业用人民币为记账本位币，有美元外币账户。当月1日市场汇率为1美元=6.2元人民币，月底市场汇率为1美元=6.45元人民币。企业出口产品一批，价款为50 000美元，货款尚未收到，当天市场汇率1美元=6.33元人民币。

企业若选取当日汇率为记账汇率，则在月末调整时会有汇兑收益6 500元；若选取当月1日汇率为记账汇率，则在期末调整时会有汇兑收益12 500元。因此，在汇率持续上升时，这笔业务选取当日汇率有利；反之，在汇率持续下降时，选取当月1日汇率有利。

甲企业用人民币为记账本位币，有美元外币账户。当月1日市场汇率为1美元=6.2元人民币，月底市场汇率为1美元=6.45元人民币。企业进口原材料一批，价款50 000美元，当天收到发票和提货单，货款尚未支付，当天市场汇率1美元=6.33元人民币。

若企业选取当日汇率为记账汇率，则在期末调整时会有汇兑损失6 500元，若选取当月1日汇率为记账汇率，则在期末调整时有汇兑损失12 500万元。因此，在汇率持续上升时，这笔业务选取当月1日汇率为记账汇率有利；反之，在汇率下降时，选取当日汇率有利。

实际上，企业的外币购销业务总是在同一时期内都有发生，因而要对比一下本期销售发生的外币债权和本期购买发生的外币债务大小，从而做出选择。其所得税筹划要点为：若本期销售发生的外币债权大于本期购买发生的外币债务，在汇率持续上升时，选取当日汇率有利；而在汇率持续下降时，选取当月1日汇率有利。若本期销售发生的外币债权小于本期购买发生的外币债务，则在汇率持续上升时，选取当月1日汇率有利；而在汇率持续下降时，选取当日汇率有利。

十一、亏损弥补的节税设计

《企业所得税暂行条例》第11条规定："纳税人发生年度亏损，可以用下一纳税年度的所得弥补；下一纳税年度的所得不足弥补的，可以逐年延续弥补，但是延续弥补期最长不得超过五年。"这一条例适用于不同经济成分、不同经营组织形式的企业。由此可见，国家允许企业用下一年度的所得弥补本年度亏损的政策，充分照顾了企业的利益。

亏损弥补政策适用于不同经济成分、不同经营组织形式的企业，但这并非说所有企业都可适用这一政策。按照税法规定，享受该项优惠的内资企业，必须是实行独立核算的企业，并且具备下列条件：一是在银行开设结算账户；二是独立建立账簿，编制财务会计报表；三是独立计算盈亏。享受该项优惠的外资企业，必须是在中国境内设有从事生产经营机构、场所的企业。

企业要充分利用亏损弥补政策以取得最大的节税效果，就必须进行认真的筹划。具体筹划如下所述。

（一）用投资收益弥补亏损的税务筹划

依照现行税收政策，企业对外投资获得收益，如果投资方适用企业所得税税率高于被投资方适用税率，应补缴所得税。如果企业自营亏损，投资收益可先用于弥补亏损，然后再补缴税款。

应补缴税款 =（投资收益 - 自营亏损）÷（1 - 被投资方适用税率）×（投资方适用税率 - 被投资方适用税率）

不难看出，当投资方适用税率与被投资方适用税率差距越小时，应补缴的税款越少。对于一定的投资方适用税率，被投资方适用税率越小，税率差距越大；被投资方适用税率越大，税率差距则越小。所以，如果企业从两处以上投资方获得投资收益时，筹划机会便产生了。

筹划的基本思路为：先用低税率（即税率差距大）的投资收益弥补亏损，

将低税率（大差距）补税基数转移给高税率（小差距）补税基数，从而减轻所得税税负。

【例3-13】甲内地企业适用企业所得税税率为25%，该企业与外商甲合资兴办设在经济特区的外商投资企业A，该企业又与外商乙合资兴办设在沿海经济开放区的外商投资企业B。A企业适用税率15%，地方所得税税率为3%；B企业适用企业所得税税率20%，地方所得税税率为3%。2016年该企业亏损80万元，但从A企业分回利润140万元，从B企业分回利润120万元。用不同的企业利润弥补亏损，将导致应补缴的税款不同。

方案一：用A企业分回利润弥补亏损，则弥补亏损后还盈利140－80＝60万元，A企业分回利润应补缴税额为60÷（1－18%）×（25%－18%）＝5.12万元；B企业分回利润应补缴税额为120÷（1－23%）×（25%－23%）＝3.12万元。合计应补缴税款5.12+3.12＝8.24万元。

方案二：用B企业分回利润弥补亏损，则弥补亏损后还盈利120－80＝40万元，B企业分回利润应补缴税额为40÷（1－23%）×（25%－23%）＝1.04万元；A企业分回利润应补缴税额为140÷（1－18%）×（25%－18%）＝11.95万元。合计应补缴税额为1.04+11.95＝12.99万元。

方案二比方案一多缴税4.75万元。

从以上分析看出，用投资收益弥补亏损的筹划不是事先筹划，而是事后筹划，因而比较简单，财会人员只要了解相关政策，有一定的数学常识就能完成。

（二）选择亏损弥补期进行节税设计

纳税人发生年度亏损，弥补期最长不得超过5年。这主要包括以下3层含义。

1. 弥补亏损年限必须自亏损年度的下一年起不间断地连续计算，5年内不论是盈利或亏损，都作为实际弥补期限计算。

2. 连续发生亏损的，从第一个亏损年度起计算，先亏先补，按顺序连续计算亏损弥补期，而不能将每个亏损年度的连续弥补期相加，更不得断开计算。

3. 若超过5年弥补期仍未弥补完，则不能再用以后年度的应纳税所得额弥补，只能在税后弥补或用盈余公积金弥补。

如果一个企业既有应税项目，又有免税项目，其应税项目发生亏损时，按照税收法规规定可以结转以后年度弥补的亏损，应该是冲抵免税项目所得后的余额。此外，虽然应税项目有所得，但不足弥补以前年度亏损的，免税项目的所得也应用于弥补以前年度亏损。根据以上规定分析，纳税企业尽量不要在亏损年度分回免税收益，其目的是扩大弥补亏损额。同时尽量不要在弥补亏损期间分回免税收益，争取用最大限度的应税项目所得弥补亏损。

【例3-14】A公司于2015年成立并开始经营，同时还投资B公司取得51％的控股权。A公司当年经济效益一般，盈亏基本持平。2016年由于市场原因，A公司效益进一步下滑，预计亏损200万元。但B公司效益很好，2016年可以分配给A公司税后利润100万元。A、B两公司所得税率均为25％。按照税法规定，A公司从B公司分回的100万元税后利润属于免税收益，不用补缴企业所得税。由于A公司取得B公司控股权，可以决定什么时候分配税后利润。因此，就企业所得税的弥补亏损问题可以分析如下（不考虑应纳税所得额税务调整因素）：

如果2016年B公司按时分配100万元税后利润给甲公司。那么，按照国税发〔1999〕34号文件规定，可以结转以后年度弥补的亏损，应该是冲抵免税项目所得后的余额。A公司2016年度可以结转弥补的亏损是100万元。如果2016年B公司保留税后利润暂不分配，那么A公司2016年度可以结转弥补的亏损还是200万元。不分配税后利润比分配税后利润多弥补100万元。假如A公司以后年度有生产经营利润弥补亏损，相对而言，可以节约税收$100 \times 25\% = 25$万元。

还要注意的是，B公司的税后利润应该在A公司用自身的生产经营应税所得弥补完亏损后或弥补期过后才能分回。否则，按照税法规定，应税项目有所得但不足弥补以前年度亏损的，免税项目的所得也应用于弥补以前年度亏损。也就是说，虽然以前年度可以弥补的亏损额没有减少，但是用以后年度分回的投资收益免税所得弥补后，实际上纳税人还是没有获得预期的效益。如上例，A公司2016年如果不分回100万元投资收益，可以税前弥补的亏损额为200万元。如2017年A公司实现盈利60万元，同时分回100万元投资收益的话，则2017年应该弥补以前年度亏损160万元，A公司还是用免税投资收益弥补了亏损。但如果A公司2017年盈利在200万元以上时，此时分回100万元投资收益，则企业可以用本年度自身实现的应税所得200万元弥补全部亏损，100万元投资收益没有用于弥补亏损，A公司这时才真正获得实际利益。

（三）充分利用企业合并、分立、汇总纳税的亏损弥补规定

按税法规定，汇总、合并纳税的成员企业发生的亏损，可直接冲抵其他成员企业的所得额或并入母公司的亏损额，不需要用本企业以后年度所得弥补。被兼并企业若不再具有独立纳税人资格，其兼并前尚未弥补的经营亏损，可由兼并企业用以后年度的所得弥补。所以，对于一些长期处于高盈利状态的企业，可以兼并一些亏损企业，以减少其应纳税所得额，达到节税目的。一些大型集团企业，可以采取汇总、合并纳税的方式，用盈利企业所得冲抵亏损企业的亏损额，减少应纳所得税额，取得最大的纳税补偿收益。

（四）外商投资企业应将亏损弥补与其他优惠政策结合起来使用

外商投资企业与内资企业一样，可享受亏损弥补优惠。除此之外，外商投资企业在符合税法规定条件时，从开始获利年度起，还可以享受免、减税的优惠待遇，如"两免三减""五免五减"等。这样，正确确认"开始获利年度"则成了企业税务筹划的关键。特别是外商投资企业如果在开业当年就获得盈利，并且在年度中间开业，实际生产经营期不足 6 个月时，可以选择从下一年度起计算免征、减征所得税期限，但企业当年的应税所得应当依法缴纳所得税。在这种情况下，若企业下一年度发生亏损，也要从此年度计算免征、减征企业所得税的期限，不能因为发生亏损而推迟，即不能再重新计算获利年度。此时，对外商投资企业来说，"开始获利年度"的确认，直接关系到其今后享受免税、减税优惠待遇，进而影响到企业的税负。

节 税 锦 言

需要指出的是：我们这里所说的年度亏损额，是指按照税法规定核算出来的，而不是利用推算成本和多列工资、招待费及其他支出等手段虚报亏损。根据国税发〔1996〕162 号《关于企业虚报亏损如何处理的通知》，税务机关对企业进行检查时，如发现企业多列扣除项目或少计应纳税所得，从而多报亏损的，经调整后无论企业仍是亏损还是变为盈利的，应视为查出相同数额的应纳税所得额，一律按 25% 的法定税率计算相应的应纳税额，以此作为偷税罚款的依据。如果企业多报亏损，经主管税务机关检查调整后有盈余的，还应就调整后的应纳税所得额，按适用税率补缴企业所得税。因此，企业必须正确地向税务机关申报亏损，才能使国家允许企业用下一纳税年度的所得弥补本年度亏损的政策发挥其应有的作用。

十二、企业投资业务的节税设计

企业在投资过程中，都须坚守一个目的，利用有限资金获取最大的投资收益，而税收在投资方案中是必须要考虑的一个因素。税负成本高低会大大影响投资收益高低。所以在进行新的投资时必须进行合理的税收筹划，主要从以下 6 个方面进行阐述。

（一）投资项目的确定

企业在投资时除了考虑投资地区、投资行业，还应考虑具体的投资项目。因为不同的投资项目所享受的税收待遇是不同的。比如，我国现行消费税法对化妆品实行 30% 的税率，对贵重首饰及珠宝玉石实行 5% 的税率。又比如，现行企业所得税法对从事农、林、牧、渔项目的所得；从事国家重点扶持的公共基础设施项目投资经营的所得；从事符合环境保护、节能节水项目的所得；符合条件的技术转让所得可以免征、减征企业所得税。为此，企业应根据自身的特点，紧扣税法的规定，在生产经营过程中恰当选择的投资项目。在获得更多收益的同时又减轻了自身的税收负担。

（二）投资地点的选择

投资者在选择投资地点时，除考虑基础设施、原材料供应、金融环境、技术和劳动力供应等常规因素外，不同地区的税收制度差别也是应考虑的一重要因素。无论是国内投资还是跨国投资，均应充分利用不同地区的税制差别或区域性税收倾斜政策，选择整体税负较低的地点进行投资。比如，我国对高新技术产业开发区、西部地区、沿海开放城市、经济特区等地区均有相应的税制差别和税收倾斜政策。另外，从世界范围看，有的地区或国家不征所得税，有的税率高达 50%，两者差距是非常悬殊的，所以，投资地点选择对企业投资净收益影响很大。

（三）投资伙伴的选择

企业投资过程中，往往会因为资金问题而出现联合投资的现象。在选择一个合适的投资伙伴时，不仅要考虑合作伙伴的实力，而且要考虑合作伙伴所享受的税收待遇。选择好的投资伙伴可使企业享受到较优惠的税收待遇，获得更多的收益。

（四）投资方式的选择

投资方式多种多样，有各种直接投资，投资于企业、设备；还有各种间接投资，比如股票、债券等。不同投资方式的税收待遇是有区别的。

【例3-15】A公司准备利用闲置资金进行债券投资，现有两种债券可供选择，一种是国家重点建设债券，年利率为5.62%；另一种是国库券，年利率为5.1%。在对两种债券进行选择时，试通过税收杠杆的调节作用进行分析，合理筹划，选择哪种投资方式对企业更为有利？（该企业所得税税率为25%）

分析要点：按现行企业所得税法有关规定，纳税人购买国债利息收入，不计入应纳税所得额，免征企业所得税，而购买国家重点建设债券取得的利息收入则需要缴纳12.5%的企业所得税（减半征收）。如果投资于国家重点建设债券，最终取得税后收益为5.62%×（1-12.5%）=4.92%。显然，投资国债，表面利率5.1%虽低，但税后收益却由于免征所得税高于国家重点建设债券。所以，在投资前进行税收筹划，确定投资方式，是非常必要的。

（五）投资日期的选择

投资日期的选择，就是要合理选择企业享受税收优惠的年度起讫点。根据我国《企业所得税法》的规定，企业在一个纳税年度中间开业，或者由于合并、关闭等原因，实际经营期不足12个月的，应当以其实际经营期作为一个纳税年度。我国对新办企业、单位开业之日的执行口径统一为纳税人取得营业执照上标明的设立日期。企业取得的营业执照标明的设立日期在6月30日之前的，应以当年作为一个纳税年度，享受定期减免税优惠；在6月30日之后的，可向主管税务机关提出书面申请选择就当年所得缴纳企业所得税，其享受定期减征、免征企业所得税的执行期限，可推延至下一个年度起计算。

一些可以享受减免税的新办企业，比如新办咨询企业、信息业、技术服务业的企业或经营单位等，如果其在年度中间开业，可以根据以上规定，通过选择开业日期，在当年不享受税收优惠，而把优惠期向后推延一年。因为开业第一年，企业一般都处于亏损或微利状态，向后推延优惠期，使企业优惠年度分布于企业利润最大的年度。使企业最大限度地享受到更多税收优惠，减少企业的税收负担。

【例3-16】甲会计师事务所（公司制企业）于2015年6月1日开业，当年实现利润200万元，无其他纳税调整事项，应纳税所得额为200万元。预计该事务所第二年、第三年的利润额分别为400万元、600万元。按规定，新办的独立核算的从事咨询业、信息业、技术服务业的企业或经营单位，自开业之日起第一年至第二年免征所得税。这样2015年度至第三年度纳税情况如下：

2015年和第二年享受免征所得税优惠不纳税。

第三年纳税人应纳企业所得税 =600×25% =150（万元）

纳税分析：如果该事务所推迟到7月1日开业，2015年度实现利润额为160万元。由于该事务所是在2015年度在6月30日之后开业的，只要该事务所向主管税务机关提出书面申请，就可以选择在2015年照章缴纳企业所得税，而享受定期减征、免征企业所得税的执行期限推延至下一个年度起计算，即享受免税的年度为开业后的第二年和第三年，这样第一年至第三年度纳税情况如下：

2015年应纳企业所得税 =160×25% =40（万元）

第二年度和第三年度享受免征所得税优惠不纳税。

该事务所仅仅推迟一个月开业，就少支出了所得税款 150-40=110 万元，抵消为此发生的成本，即减少的利润额 200-160=40 万元后，企业最终多获得了 110-40=70 万元的净收益。

由此可见，纳税人通过合理安排开业时间，能使自己享受最大的税收优惠，获取更多的收益。在实际操作中，如果纳税人预计在开业当年处于亏损或微利状态，而以后年度的获利情况较好时，该筹划方法具有必要性。

节 税 锦 言

值得注意的是：税法规定，如果企业已选择当年纳税后次年度发生亏损，其上一年度已纳税款，不予退还，亏损年度应计算为减免税执行期限，但其亏损额可按规定用以后年度的所得弥补。

（六）投资规模的节税设计

企业在进行投资规模的税务筹划时，还应充分利用税法中规定的税收优惠政策。

《中华人民共和国企业所得税法》规定，从事国家非限制和禁止行业并符合下列条件的小型微利企业，减按20%的税率征收企业所得税：一是工业企业，年度应纳税所得额不超过30万元，从业人数不超过100人，资产总额不超过 3 000 万元；二是其他企业，年度应纳所得税额不超过 30 万，从业人数不超过 80 人，资产总额不超过 1 000 万元。企业在投资时，应根据实际情况掌握好投资规模。如果企业的年度应纳税所得额、从业人数或资产总额刚刚超过上述标准，企业可通过采取适当收缩战略，以享受税法规定的优惠政策，从而大大减轻税负。

【例3-17】A公司是一家小型商贸企业，销售市场稳定，经营情况良好，年应纳税所得额为 30 万元，员工人数为 78 人，资产总额为 900 万元。在新的一年里，企业有以下两种经营方案可供选择。

方案一：在上一年度的基础上继续扩大经营规模，招聘新的员工，向银行申请借款增加新的营销部门。由于市场已接近饱和，企业的营业收入会由于上述措施而有所增加，但幅度不会太大，预计企业会增加年度应纳税所得额 1.75 万元。

方案二：企业维持原有的经营规模不变。

方案一：

A公司的应纳所得税 =（30+1.75）×25% =7.938（万元）

A公司的税后净利润 =30+1.75-7.938=23.812（万元）

方案二：

A公司的应纳所得税 =30×20% =6（万元）

A公司所得税后净利润 =30-6=24（万元）

比较两个方案的税后净利润可以看出，方案2可以使甲公司获得更多的净利润。

十三、企业分立经营的节税设计

所谓企业分立，是指将一个企业依照法律规定，分成两个或两个以上新企业的法律行为。企业分立并不是原企业的完全消失，它或者以解散原企业成立新企业的形式出现，或者以原企业分出一部分成立新的企业，但原企业仍继续存在的形式出现。企业分立税收筹划的思想主要体现在以下几个方面。

（一）采用低税率

企业所得税采用累进税率时，通过分立可使原本适用高税率的企业分化成两个或两个以上适用低税率的企业，从而使总体税负得以减轻。

企业如果存在类似业务，而作为一个整体又不具备享受所得税优惠的条件时，可以考虑将企业内部的相关业务或项目分离出来成立一个单独的企业法人从而享受相关税收优惠。还有一部分优惠规定是以企业经营活动为导向的，如安全生产设备可获得税收抵免；资源综合利用企业可减计收入（需分开核算）；残疾人就业工资可加计扣除等一系列优惠措施。只要符合税法规定，就可享受优惠。

【例3-18】假设甲企业年应纳税所得额为48万元（企业所得税税率25%），该企业应纳所得税为480 000×25%＝120 000（元）。此时该企业可以将企业分立为A、B两个企业，如果忽略规模经济对企业经营效益的影响，A、B企业年应纳税所得额之和仍为48万元，其中A企业24万元，B企业24万元，则A、B企业适用税率都为20%，应缴企业所得税240 000×20%＝48 000（元）。A、B两企业税负合计为48 000+48 000＝96 000（元），比企业分立前节约税收24 000元。

（二）增加扣除项目

新《中华人民共和国企业所得税法》及其实施条例规定，企业发生的与生产经营活动有关的业务招待费支出的60%，但最高不得超过当年销售（营业）收入的0.5%；企业发生的符合条件的广告费和业务宣传费支出，除国务院财政、税务主管部门另有规定外，不超过当年销售（营业）收入的15%，超过部分，准予在以后纳税年度结转扣除。所以，企业可以通过分立出独立的销售子公司，增加产品在企业集团内部的销售环节，从而扩大整个企业集团的销售收入，相应地也就增加了可在税前列支的费用数额，以达到节税的目的。

业务招待费、广告费和业务宣传费均是以当年的销售收入为依据而扣除结转的。假设该企业将其销售部门设立成一个独立核算的销售子公司，再将企业产品销售给子公司，由子公司对外销售，这样就在保持整个集团的利润总额不变的前提下增加了一道销售收入，从而提高了广告费和业务宣传费的扣除标准。当然，广告费和业务宣传费要由该企业及其子公司合理分开负担，这样就能在税前全部得到抵扣。

十四、企业合并的所得税的节税设计

所谓企业合并，是指两个或两个以上的企业按照规定程序合并为一个企业的法律行为。企业合并包括吸收合并与新设合并两种形式。吸收合并指一个企业吸收其他企业，被吸收的企业解散，也就是通常所说的企业兼并。新设合并指两个或两个以上企业合并成一个新企业，合并各方解散。从税收筹划角度考虑，新设合并与吸收合并的原理基本相同。

（一）合并时亏损弥补的节税设计

利润是企业所得税缴纳的基础，利润越高，企业应该缴纳的所得税也就越多，反之则越少。这样就给我们进行纳税筹划提供了一个新的思路，即利用高利润企业兼并高亏损企业，以冲减盈利企业的利润，这样就会减少企业的所得税税基。

现行企业所得税法在企业合并方面给出了两套处理办法：一是企业重组的一般税务处理办法；二是企业重组的特殊性税务处理办法。在第一种处理办法中，合并企业应按照公允价值确定接受被合并企业各项资产和负债的计税基础，同时，被合并企业都应当对此按清算所得纳税，最为严格的是，被合并企业的亏损不得在合并企业结转弥补。这样的规定，极大地压低了在企业合并方面的税收筹划空间。然而，在第二种办法，即特殊性的税务处理办法中，税法允许被合并企业的亏损在合并企业结转弥补，但是有严格的条件限制。

【例3-19】2016年9月8日，甲生产企业合并一家小型股份公司，合并后适用企业重组的特殊性税务处理办法。已知股份公司全部资产公允价值为2 850万元、全部负债为1 600万元、未超过弥补年限的亏损额为310万元。合并时甲生产企业给股份公司的股权支付额为1 150万元、银行存款100万元。该合并业务符合企业重组特殊税务处理的条件且选择此方法执行（假定当年国家发行的最长期限的国债年利率为6%），那么结转至合并企业的可弥补亏损是多少？

根据现行企业所得税法有关企业重组的规定可知，被合并企业的 310 万元亏损是不能直接结转至合并企业弥补的，而应当根据被合并企业的净资产的公允价值和国债年利率来计算可弥补的亏损额。

因此，可由合并企业弥补的被合并企业亏损的限额 = 被合并企业净资产公允价值 × 截至合并业务发生当年年末国家发行的最长期限的国债利率 = (2 850-1 600) × 6% = 75（万元），因此，这部分亏损弥补可以帮合并企业抵减 75 × 25% = 18.75 万元的企业所得税。

（二）合并时支付方式选择

由于合并企业各方在很多情况下不属于同一所有者，因而在合并的过程中一般都存在着支付问题。通常，支付方式可分为现金支付、股权支付、实物支付和其他有价证券支付等。不同的支付方式，税法有着不同的规定，因而对于支付方式的筹划也可以带来一定的税收效果。

现行企业所得税法规定，被合并方在合并业务发生后，其资产和负债由合并方按照其公允价值承继，被合并方应当确认转让、清算所得，并依法缴纳企业所得税。但是适用企业重组的特殊性税务处理办法的企业合并，在合并交易中发生的股权支付可以暂不确认其比例所对应的资产转让所得或损失，当然非股权支付仍应当在交易当期确认相应的资产转让所得或损失，并调整相应资产的计税基础。

【例 3-20】2016 年 3 月 7 日，位于首都的企业甲收到另一家国内知名企业乙的收购请求。经过商讨，甲公司同意乙公司收购自己 80% 的股权，共计 360 万股。在收购日当天，企业甲的每股资产的计税基础为 3 元，经评估机构评定其公允价值应为每股 5 元。因此乙企业应当支付的收购对价为 1 800 万元，现在乙企业在向甲企业支付收购对价的时候，有以下 3 种方案选择。

方案一：乙企业以换股方式完成一部分支付，换出其 150 万股，收购当天乙企业的每股市价为 10.5 元，剩下 225 万元以现金支付。

方案二：乙企业以换股方式完成一部分支付，为了减少因换股导致的甲企业对乙企业的影响，乙企业决定只换出其 140 万股，收购当天乙企业的每股市价为 10.5 元，剩下 330 万元以现金支付。

方案三：乙企业向甲企业转让其持有的丙企业的130万股股份，该股份是在2016年年初乙企业向丙企业支付2340万元购买的。假设2016年3月7日当天丙企业的每股市价为12元。乙企业又以其自产设备，账面成本90万元，转交给甲企业作生产使用，已知同类设备的市场售价为150万。最后，由乙企业以支付330万元购买甲企业对丁企业的债权完成对甲企业的部分股权收购，已知该债权在市场的公开交易价格为300元。

如果选择方案一，乙企业支付的股权的公允价值总计1575万元，且1575÷1800×100%=87.5%＞85%，所以甲企业可以只以收到的非股权支付的对价为转让所得计算企业所得税，即360×（5-3）×[（1800-1575）÷1800]×25%=22.5万元，收到现金225万元，因此现金净流入为202.5万元。

如果选择方案二，由于换出的股份的公允价值为1470万元，且1470÷1800×100%=81.7%＜85%，所以甲企业应当就全部转让所得计算并缴纳企业所得税，即360×（5-3）×25%=180万元。收到现金330万元，因此现金净流入为150万元。

如果选择方案三，乙企业转让企业丙的股份，应当就其股份转让所得缴纳企业所得税，转让所得为130×12-2340=780万元，应纳企业所得税780×25%=195万元。对于甲企业，其收到的股权支付份额的公允价值为1560万元，占全部支付对价的比例为86.7%＞85%，因此，只需以非货币性资产交换所得和债权转让所得计算缴纳营业税和企业所得税，其中应纳企业所得税为360×（5-3）×[（150+330）÷1800]×25%=48万元，同时，转让债权损失30万元，因此现金净流出为22.5万元。

由此可见，方案一的现金流入最多，应当是最佳的选择。方案三中，甲企业取得了乙企业的设备，盘活生产线，同时提前收回了欠款，但是瞬时现金流出却高达22.5万元，这对双方都是不利的，所以方案三是不可行的。

十五、企业清算的节税设计

所谓企业清算，是指企业宣告终止以后，除因合并与分立事由外，了结终止后的企业法律关系，注销其法人资格的法律行为。

（一）适当延长清算期限，减少清算所得的节税设计

根据我国现行税法的规定，纳税人清算时，应当以清算期间作为一个纳税年度。《企业所得税法》第五十三条规定："企业依法清算时，应当以清算期间作为一个纳税年度。"清算所得也应当缴纳所得税。因此，如果企业在清算之前仍有盈利，清算所得为亏损时，可以通过将部分清算期间发生的费用转移到清算之前，以抵销企业的盈利。这种转移可以通过改变清算日期的方式实现。

根据税法规定，企业在清算年度，应划分为两个纳税年度。从1月1日到清算开始日为一个生产经营纳税年度，从清算开始日到清算结束日的清算期间为一个清算纳税年度。企业的清算日期不同，对两个纳税年度应税所得的影响不同。企业可以利用改变清算日期的方法来影响企业清算期间应税所得的数额。

【例3-21】甲公司董事会于2014年8月22日向股东会提交了公司解散申请书，股东会8月24日通过决议，决定公司于8月31日宣布解散，并于9月1日开始正常清算。公司在成立清算组前进行的内部清算中发现，2014年1月至8月公司预计盈利200万元（企业所得税税率25%），预计9月该公司将发生费用160万元，清算所得预计为-40万元。请计算在这种情况下，企业应当缴纳的所得税，并提出税收筹划方案。

以9月1日为清算日期，2014年1月至8月盈利200万元，应纳所得税额为200×25%=50万元。清算所得为-40万元，不需要纳税。该企业可以考虑将部分费用在清算之前发生，这样可以将200万元的盈利予以抵销。该公司可以在公告和进行税务申报之前，由股东会再次通过决议将公司解散日期推迟至10月1日，并于10月2日开始清算。公司在9月1日至9月30日共发生费用160万元。假设其他费用不变，清算所得将变成120万元。此时，该公司2014年1月至9月的应纳税所得额为200-160=40万元，应当缴纳企业所得税为40×25%=10万元。清算所得为120万元，应当缴纳企业所得税为120×25%=30万元。减轻税收负担为50-10-30=10万元。

（二）清算所得中资本公积项目的节税设计

根据规定，纳税人依法进行清算时，其清算所得应按照规定缴纳企业所

得税。资本公积，除企业法定财产重估增值和接受捐赠的财产价值以外，其他项目可从清算所得中扣除。对重估增值和接受捐赠，发生时计入资本公积，不缴纳企业所得税，但在清算时，应并入清算所得计征企业所得税，这相当于增值部分和接受捐赠的财产物资可以延期纳税。

在其他条件不变的情况下，创造条件进行资产评估，以评估增值后的财产价值作为计提固定资产折旧的依据，这样可比原来多提折旧，减少计税征所得税的税基，达到少缴所得税的目的。

第四章 创造利润最大化——服务企业个人所得税的节税优化设计

第一节 个人所得税的概述

一、个人所得税的概念和特征

（一）个人所得税的概念

个人所得税是以个人（自然人）取得的各项应税所得为征税对象所征收的一种税。凡在中国境内有住所，或者无住所而在境内居住满1年的个人，应就其从中国境内和境外取得的所得，依法缴纳个人所得税；在中国境内无住所又不居住，或者无住所而在境内居住不满1年的个人，只就其从中国境内取得的所得，缴纳个人所得税。

个人所得税的内容主要包括以下11项。

1. 工资薪金所得

在中国境内的公司、企业、事业单位、机关、社会团体、部队、学校等单位或经济组织中任职、受雇而取得的工资、薪金所得，适用超额累进税率，税率为5%～45%。

2. 个体工商户的生产、经营所得

在中国境内从事生产、经营活动而取得的所得，适用5%～35%的超额累进税率。

3. 对企事业单位的承包经营、承租经营所得

适用5%～35%的超额累进税率。

4. 劳务报酬所得

在中国境内提供各种劳务而取得的劳务报酬所得，适用比例税率，税率为20%。对劳务报酬所得一次收入畸高的，可以实行加成征收，具体办法由

国务院规定。

5. 稿酬所得

在中国境内以图书、报刊方式出版、发表作品取得的稿酬所得，适用比例税率，税率为 20%，并按应纳税额减征 30%。

6. 特许权使用费所得

许可各种特许权在中国境内使用而取得的所得，适用比例税率，税率为 20%。

7. 利息、股息、红利所得

因持有中国的各种债券、股票、股权而从中国境内的公司、企业以及其他经济组织或者个人取得的利息、股息、红利所得，适用 20% 的比例税率。

8. 财产租赁所得

将财产出租给承租人在中国境内使用而取得的所得，适用 20% 的比例税率。

9. 财产转让所得

转让中国境内的建筑物、土地使用权等财产或者在中国境内转让其他财产取得的所得，适用 20% 的比例税率。

10. 偶然所得

在中国境内参加各种竞赛活动取得名次的奖金所得，参加中国境内有关部门和单位组织的有奖活动而取得的中奖所得，购买中国境内有关部门和单位发行的彩票取得的中彩所得，适用 20% 的比例税率。

11. 其他所得

经国务院财政部门确定的其他所得。

（二）个人所得税的特征

我国个人所得税具有如下 4 个特征。

1. 实行分类征收

我国实行分类征收制度不仅方便征纳双方，加强税源管理，而且便于对不同所得体现国家的政策。在分项计征的同时还要求同项合并，纳税人在我国境内两处或两处以上取得的工资、薪金所得或个体工商业户的生产、经营所得，应将同项所得合并计算纳税。

2. 采用定额和定率并用的费用扣除标准

我国个人所得税纳税人的各项应税所得，视其情况不同在费用扣除上分别实行定额扣除和定率扣除两种方法。在计税方法上，我国个人所得税采用总额扣除法，从而避免了个人实际生活费用支出逐项计算的烦琐。

3. 采用累进税率和比例税率并用的税率形式

现行个人所得税根据不同的应税所得分别采用累进税率和比例税率两种形式。对工资、薪金所得等采用累进税率，实行量能负担。

4. 采用代扣代缴和自行申报两种纳税方法

我国个人所得税法规定，对纳税人的应纳税额分别采用支付单位源泉扣缴和纳税人自行申报两种方法。对凡是可以在应税所得的支付环节扣缴的均由法定的扣缴义务人履行代扣代缴义务，对于没有扣缴义务人的，在两处以上取得工资、薪金所得的以及高收入者实行由纳税人自行申报纳税的方法。也就是说，我国对个人所得税采用的是"代扣代缴为主，自行申报为辅"的征收模式。

二、个人所得税的纳税人

我国个人所得税的纳税义务人是指在中国境内有住所，或者虽无住所但在境内居住满 1 年以及无住所又不居住或居住不满 1 年但有从中国境内取得所得的个人，包括中国公民、在中国有所得的外籍人员（包括无国籍人员）。自 2001 年 1 月 1 日起，个人独资企业和合伙企业投资者也为个人所得税的纳税人。

我国个人所得税的纳税人按住所和居住时间可以分为居民纳税人和非居民纳税人。居民纳税人是指在我国境内有住所或没有住所但居住满 1 年的个人，其负有无限纳税义务，即其取得的所得无论来源于我国境内还是境外，都有向我国纳税的义务。非居民纳税人是指在我国境内无住所又不居住，或无住所而在境内居住不满 1 年的个人，其负有有限的纳税义务，仅就其来源于我国境内的所得向我国纳税。

对纳税人居民和非居民身份的确认，我国税法上也是采用国际上通行的住所和居住时间两个标准。

（一）住所标准

住所标准即以个人在一国境内拥有的住所确定其居民身份的判定标准。我国税法将"在中国境内有住所的个人"判定为居民纳税人。这里的"在中国境内有住所的个人"，是指因户籍、家庭、经济利益关系而在中国境内习惯性居住的个人。所谓习惯性居住，是判断纳税义务人是居民或非居民的一个法律意义上的标准，不是指实际居住或在某一个特定时期内的居住地。例如，因学习、工作、探亲、旅游等而在中国境外居住的，在上述原因消除之后，必须回到中国境内居住的个人，则中国即为该纳税人习惯性居住地。

（二）居住时间标准

居住时间标准是指在一个纳税年度（即公历 1 月 1 日至 12 月 31 日止）内，在我国境内居住满 365 日，在计算居住时间时，对临时离境应视同于在我国境内居住，不得扣除相应的天数。临时离境是指在一个纳税年度内一次不超过 30 天或多次累计不超过 90 天。

我国税法规定的住所标准和居住时间标准，是判定居民身份的两个并列性标准，个人只要符合或达到其中任何一个标准，就可以被认定为居民纳税人。

三、个人所得税的税率

个人所得税税法规定，个人所得税分别不同个人所得项目规定了超额累进税率和比例税率两种形式。工资、薪金所得适用 3% ~ 45% 的七级超额累进税率。个体工商户的生产经营所得和对企事业单位的承包、承租经营所得适用 5% ~ 35% 的五级超额累进税率。稿酬所得、劳务报酬所得、特许权使用费所得、财产租赁所得、财产转让所得、利息所得、股息所得、红利所得、偶然所得和其他所得适用 20% 的比例税率。

个人所得税税法对下列所得项目规定予以减征或加成征收所得税。

（一）减征的规定

对稿酬所得按 20% 的税率征税时，给予减征 30%；对个人出租房屋取得的收入减按 10% 征收个人所得税。

（二）加成征税的规定

对劳务报酬所得一次收入畸高的，规定在适用 20% 的税率征税的基础上实行加成征税办法。所谓"劳务报酬所得一次收入较高"，是指个人一次取得劳务报酬，其应纳税所得额超过 2 万元。对一次取得劳务报酬的应纳税所得额超过 2 万 ~ 5 万元的部分，依照税法规定计算应纳税额后，再按照应纳税额加征 5 成；对一次取得劳务报酬的应纳税额超过 5 万的部分，按应纳税额加征 10 成。

第二节　个人所得税的节税设计

一、工资薪金的节税设计

由于我国对工资薪金适用的是七级超额累进税率，因而工资数额的提高也意味着上缴税款的比重增加。怎样使自己的工资实际水平保持不变，同时又使所承担的税收款项最小化，是纳税人所共同关心的问题。一般可行的做法是和企业领导进行商议，改变自己的工资支付办法，即由企业提供一些必要福利，相应地减少自己的工资，并使改变后的工资实际水平和以前保持一致。通过工资薪金进行节税设计主要从以下几个方面进行。

（一）工资均衡发放，有效降低税负

【例4-1】A公司采取按每月的绩效与薪酬挂钩的方式为其员工发放工资。该公司员工李某2016年度全年每月工资如下（单位：元）：6 200、3 500、4 300、1 500、2 000、2 500、3 000、3 500、2 500、1000、4 500、7 500。请对李某的工资发放提出纳税筹划方案。

2016年度李某应纳个人所得税 =[（6 200-3 500）×10 % -105+0+[（4 300-3 500）×3 %]+[（4 500-3 500）×3%]+[（7 500-3 500）×10 % -105]=514（元）

纳税筹划方案：先按年估计总工资额，然后按月平均发放，最后一个月多退少补，则每月应发放的工资 =（6 200+3 500+4 300+1 500+2 000+2 500+3 000+3 500 +2 500+1 000+4 500+7 500）÷12=3 500（元）

由于每月发放工资未超过免征额3 500元，因此2016年度应纳个人所得税税额为0元。

由此可见，通过纳税筹划，王某少缴个人所得税514元。因此，均衡发放工资，可以有效降低税负。

（二）科学筹划月度工资和一次性奖金的发放结构

一次性奖金按适用税率计算应纳税额，只要确定的税率高于某一档次其全额就要适用更高一级次的税率（类似全额累进税率），因此就形成了一个工资发放无效区间。通过对一次性奖金每个所得税级的上限（税收临界点）、应纳税额和税后所得的计算，可计算出一次性奖金发放的无效区间。在职工全年收入一定的情况下，应科学安排月度工资和一次性奖金的发放比例，找到工资和奖金之间税率的最佳配比，从而有效降低税率和个人所得税负担。

全年一次性奖金是指行政机关、企事业单位等扣缴义务人根据其全年经济效益和对雇员全年工作业绩的综合考核情况，向雇员发放的一次性奖金，包括年终加薪以及实行年薪制和绩效工资办法的单位根据考核情况年终兑现的年薪和绩效工资。雇员取得除全年一次性奖金以外的其他各种名目的奖金，如半年奖、季度奖、加班奖、先进奖、考勤奖等，一律与当月工资、薪金收入合并，按税法规定缴纳个人所得税。

纳税人取得全年的一次性奖金，单独作为一个月的工资、薪金所得计算纳税，当月内取得的全年一次性奖金除以 12 个月，按其商数确定适用税率和速算扣除数，由扣缴义务人在发放时代扣代缴。如果在发放年终一次性奖金的当月，雇员当月工资薪金所得低于税法规定的费用扣除额，应将全年一次性奖金减除"雇员当月工资薪金所得与费用扣除额的差额"后的余额。

【例4-2】王某 2015 年 12 月份的工资为 4 000 元，年末又取全年一次性年终奖 18 200 元，请对王某全年一次性奖金的发放提出纳税筹划方案。

解析：18 200÷12=1 517（元），适用税率就为 10%，速算扣除数为 105，

全年一次性奖金应纳个人所得税 =18 200×10% −105=1 715（元）

税后收益 =18 200−1 715=16 485（元）

当全年一次性奖金或奖金余额除以 12 个月后的商数，对应的应纳税所得额正好是相邻上一档税率的最下限数额时，降低全年一次性奖金金额，使其适用下一档税率，可以有效提高纳税人税后收益。

纳税筹划方案为：将年终一次性奖金调减为 17 900 元，则 17 900÷12=1 491.67（元），适用税率就为 3%，速算扣除数为 0。

年终一次性奖金应纳个人所得税 =17 900×3% −0=537（元）

税后收益 =17 900−537=17 363（元）

由此可见，通过纳税筹划王某少缴个人所得税为 1 178 元，多获税后收益 878 元。

因此，适当降低全年一次性奖金金额，使其适用下一档税率，可以有效提高纳税人税后收益。

节 税 锦 言

需要注意的是，按上述办法确定全年一次性奖金的适用税率和速算扣除数，在一个纳税年度内，对每一个纳税人，该计税办法只允许采用一次。

（三）通过非货币支付方式，降低职工的名义收入

由企业向职工提供的各种福利设施，若不能将其转化为现金，则不会视为工资收入，从而也就不必计算个人所得税。这样，企业通过提高职工福利，增加其物质满足，也可少纳所得税。企业提供免费膳食或者由企业直接支付搭伙管理费。企业提供的膳食餐具必须具有不可变现性，即不可转让，不能兑换现金。

企业在不降低职工实际收入水平的前提下，通过非货币支付方式，尽量降低名义收入，以降低职工应纳个人所得税税负。具体做法包括：由企业为员工提供上下班交通服务、提供住宿服务、提供培训机会、提供必要的福利、为员工缴纳各种社会保险、为员工提供免费午餐、为员工提供办公设施及用品等。

总之，非货币支付方式的纳税筹划是在消费水平提高的前提下，通过降低所得额来达到减轻税负的目的，是在遵守国家法律的前提下，合理选择职工工资的支付方式，以帮助职工在提高消费水平的同时减轻个人所得税税负。

节 税 锦 言

在运用方法进行筹划时，应注意以下问题：根据《个人所得税法实施条例》的规定，个人取得的应税所得包括现金、实物和有价证券。所得为实物时，应当按照取得的凭证上所注明的价格计算应纳税所得额；无凭证的实物或者凭证上所注明的价格明显偏低的，由主管税收机关参照当地的市场价格核定应纳税所得额。因此，企业为具备条件的雇员购买住房或者汽车时，产权凭证应当是雇员的名字，并商定雇员工作达到一定条件，该实物所有权完全归雇员所有。

二、劳务报酬的节税设计

劳务报酬所得是指个人独立从事应税劳务，临时为外单位工作取得的报酬，提供所得的单位与个人之间不存在稳定的雇佣与被雇佣关系。《个人所得税法实施条例》规定：劳务报酬所得，属于一次性收入的，以取得该项收入为一次；属于同一项目连续性收入的，以一个月内取得的收入为一次。

由于劳务报酬适用三级超额累进税率，一次收入极高的执行加成征收。所以劳务报酬所得税收筹划的一般思路就是"尽量均衡收入、延迟取得收入"以适用较低的税率，或者尽量增加费用，以减少应纳税所得。

（一）增加劳务报酬的支付次数

对于劳务报酬，属于同一项目连续性收入的，以一个月内取得的收入为一次。在现实生活中，某些季节性生产的行业，在销售旺季会雇用一些临时工，这些临时工可能在销旺季获得较高的劳务报酬，而在销售淡季可能会很少甚至没有收入。这样就有可能在收入较多时适用较高的税率，而在收入较少时适用较低税率，甚至可能达不到基本的抵扣额，结果造成总体税负较高。对于这种情况可以通过增加劳务报酬的支付次数进行纳税筹划。纳税人可以进行增加支付次数筹划，如与劳务报酬的支付方商议，把本应该在短期内支付的劳务报酬在一个较长时期内均衡支付，从而使该项所得适用较低的税率。

【例4-3】王某为某企业职工，通过参加全国司法考试获得了律师资格，和律师事务所商定每年年终到该事务所兼职3个月。年底事务所一次性支付给王某90 000元劳务报酬。对于该项所得应该如何进行纳税筹划？

如果事务所年底一次支付所得，按照一次所得扣缴王某的个人所得税，则应代扣代缴王某应纳税额的计算如下：

应纳税所得额 = 90 000 × （1 - 20%） = 72 000（元）

总共应纳税额 = 72 000 × 40% - 7 000 = 21 800（元）

如果律师事务所按月支付王某报酬，每月支付30 000元，则

月应纳税额 = 30 000 × （1 - 20%） × 30% - 2 000 = 5 200（元）

总共应纳税额 = 5 200 × 3 = 15 600（元）

由年底一次支付改为按月分三次支付，王某可以少缴税款6 200元。

（二）费用转移筹划

为他人提供劳务以取得报酬的个人可以考虑由对方提供一定的福利，将本应由自己承担的费用改由对方承担，以达到规避个人所得税的目的。如由对方提供餐饮服务、报销交通费、提供办公用品、安排实验设备等，扩大费用开支范围，相应减少自己的劳务报酬总额，从而使该项劳务报酬所得适用较低税率。

【例4-4】甲公司聘请了王某作为策划师，关于报酬，面临着两种选择：一种是公司向王某支付报酬100 000元人民币，往返交通费3 500元、住宿费3 500元、伙食费3 000元等共计10 000元一概由王某自己负责；另一种是企业支付王某报酬90 000元人民币，往返交通费、住宿费、伙食费等全部由企业负责。

如果王某自行负担交通费、住宿费及伙食费，则

应纳个人所得税额 = 100 000 × （1- 20%）× 40% -7 000=25 000（元）

个人所得税额应由企业代扣代缴。

王某实际获得的报酬 = 100 000 - 25 000=75 000（元）

王某实际的净收入 =75 000 - 10 000=65 000（元）

如果企业支付交通费、住宿费及伙食费，则

应纳所得税额 = 90 000 × （1- 20%）× 40% -7 000= 21 800（元）

王某实际的净收入 = 90 000 - 21 800=68 200（元）

王某选择第二种方案可多获得3 200元。

节 税 锦 言

对于企业来讲，向相关人员提供住宿比较方便，而且可以发挥团购的优势，降低住宿费支出；伙食问题一般也容易解决，比如通过集体供餐方式解决。因此企业负担这方面开支比个人自理费用额度低一些，可以从总体上降低企业的总支出。根据企业的工作需要安排交通、食宿及住宿，还有利于提高工作效率。总之，企业在雇用人员时，需要根据实际情况，在劳动合同与劳务合同中进行合理选择，之后再对工资薪金所得和劳务报酬所得进行纳税筹划。

三、个人所得税税率节税设计

我国个人所得税采用分项征税办法，不同应税所得的费用扣除标准和适

用税率是不同的；即便是同种所得，也会由于该项所得采用累进税率而出现适用不同边际税率的情形，这些都给纳税人利用税率进行税收筹划提供了较大的空间。一般而言，个人所得税税率的税收筹划思路是：通过一定的筹划方法，使应税所得适用高边际税率转向适用低边际税率；或者使应税所得适用累进税率转向适用比例税率，从而达到节税的目的。

（一）通过应税所得平均化以适用低税率

我国个人所得税对工资、薪金所得采用超额累进税率，如果收入集中在一个月或少数几个月，意味着将适用高税率，承担较高的个人所得税。如果能将收入分摊到 1 年或更长时间，则每个月的应纳税所得额将减少，适用的税率也会随之降低，最终整体税务减少。将收入平均到较长时间，在不增加雇主和雇员的实际支出的情况下，通过协商是一件比较容易做到的事情，所以，这也是个人所得税税率筹划的常见方法。

【例4-5】王某在一家私人企业当销售部经理，月薪 25 000 元。公司不负责报销其任何差旅费、通信费。实际上，王某每月因出差而发生的差旅费、住宿费为 3 500 元，因业务需要发生的通信费为 1 500 元。在这种分配方式下，

王某每月应纳的个人所得税 =（25 000-3 500）×25% -1 005=4 370（元）

王某每月实际收益 =25 000-4 370-3 500-1 500=15 630（元）

由于王某觉得实际收入低，是因为适用税率太高造成的。因此，王某要求企业将其月薪降为 20 000 元，但要允许他报销差旅费和通信费 5 000 元。在这种分配方式下，

王某每月应纳的个人所得税 =（20 000-3 500）×25% -1 005=3 120（元）

王某每月实际收益 =20 000-3 120=16 880（元）

王某月薪由 25 000 元降为 20 000 元，每月实际收益相比以前反而增加了 16 880-15 630=1 250（元）。这是由于费用由单位支付，降低了王某的名义工资，同时也就相应降低了适用税率。

（二）通过经营实体的分设以适用低税率

分设多个经营实体是指将该经营实体分设为两个或两个以上的机构，自己负责其中的一个，将其余机构的所有权或经营权虚设为其他人，一般为自己的亲人或比较好的朋友，然后通过这些机构的联合经营，互相提供有利条

件，以达到减轻税收负担的目的。这一筹划方法，通常是通过机构分设，使所得分散，排除适用高边际税率所带来的税负增长，使总体税负下降。

> **【例4-6】**王某开设了一家经营建材的公司，由其儿子负责经营管理。王某也经常承接一些安装装饰工程。每年销售建材的应纳税所得额为55 000元，安装装饰应纳税所得额为25 000元。
>
> 全年应纳个人所得税 =80 000×30% -9 750=14 250（元）
>
> 现在王某和儿子决定成立两个个人独资企业，王某的企业专门承接安装装饰工程，儿子的公司只销售建材。在这种情况下，假定收入同上，王某和王某儿子每年应纳所得税分别为：
>
> 王某应纳所得税 =25 000×10% -750=1 750（元）
>
> 王某儿子应纳所得税 =55 000×20% -3 750=7 250（元）
>
> 两人合计纳税 =1 750+7 250=9 000（元）
>
> 每年少缴个人所得税 =14 250-9 000=5 250（元）

（三）通过收入多次领取以适用低税率

个人所得税法规定，对于同一项目取得连续性收入的，以每一月的收入为一次。但在现实生活中，由于种种原因，某些行业收入的获得具有一定的阶段性，即在某个时期收入可能较多，而在另一些时期收入可能会很少甚至没有收入。这样就有可能在收入较多时适用较高的税率，而在收入较少时适用较低税率，甚至可能连基本的抵扣额也不够，从而造成总体税负较高。

在这种情况下，纳税人可与支付劳务报酬的业主商议，把本应该短期内支付的劳务报酬在一年内支付，使该劳务报酬的支付每月比较平均，使该项所得适用较低的税率。同时，这种支付方式也使得业主不用一次性支付较高费用，减轻了其经济负担。

（四）通过改变收入结构以适用低税率

按照个人所得税的规定，不在公司任职、受聘的董事费收入应作为劳务报酬所得缴纳个人所得税，适用20% ~ 40%的比例税率。个人的年薪收入则应按照工资、薪金所得缴纳个人所得税，适用3% ~ 45%的超额累进税率。这两种收入之间的税率差异是进行税务筹划的切入点。作为同时担任企业行政职务和董事的高级管理人员，可以在保证年度总收入不变的前提下，通过工资薪金收入和董事费收入的合理分配与转化，降低其整体税负水平，从而增加实际税后收益。

【例4-7】王某是著名的企业专家，被某大型企业集团聘为常务副总裁，主管集团营销业务。该集团董事会允诺，扣除规定的社保费、住房公积金后，每年给予王某不少于25万元的年薪；同时，因为王某还担任集团下属子公司董事会的董事，每年可获得董事费收入5万元。这样，王某每年的税前收入可达30万元。

王某就公司的报酬发放问题请教税务师。税务师为其进行了以下筹划。

方案一，维持原有的收入结构，王某应纳个人所得税的情况：

年薪收入应纳税额 $=12 \times [(250\,000 \div 12 - 3\,500) \times 25\% - 1\,005] = 39\,940$（元）

董事费收入应纳税额 $=50\,000 \times (1 - 20\%) \times 30\% - 2\,000 = 10\,000$（元）

每年应纳个人所得税总额 $=39\,940 + 10\,000 = 49\,940$（元）

税后收入 $=250\,000 + 50\,000 - 49\,940 = 250\,060$（元）

方案二，如果企业集团在保证王某年度税前总收入不变的情况下，企业董事会决定将每年给予王某的董事费增加到12万元，并在每月发放1万元，相应地，每年的年薪收入变为18万元（假定当地允许将董事费分多次发放），王某应纳个人所得税的情况：

年薪收入应纳税额 $=12 \times [(180\,000 \div 12 - 3\,500) \times 25\% - 1\,005] = 22\,440$（元）

董事费收入应纳税额 $=[120\,000 \div 12 \times (1 - 20\%) \times 20\% \times 12] = 19\,200$（元）

每年应纳个人所得税总额 $=22\,440 + 19\,200 = 41\,640$（元）

税后收入 $=180\,000 + 120\,000 - 41\,640 = 258\,360$（元）

筹划后，方案二比方案一节省税款支出8\,300元，从而相对提高了王某的税后收入。

（五）规避加成征收以适用低税率

我国个人所得税对纳税人取得劳务报酬是采取按"次"缴纳税款的。对于个人取得的劳务报酬计算个人所得税时，适用20%的比例税率，但对于"一次收入畸高"的，则采取了加成征收的做法，因此，为了避免超额税收负担，纳税人可以在收入"一次"的规定上进行税务筹划。

【例4-8】设计师王某为某公司进行设计和安装，根据双方口头约定，这项工程的设计费60 000元，安装费60 000元，为了达到节税的目的，王某没有立即与对方签订合同，经咨询税务师，税务师为王某介绍了两种方案。

方案一，王某与对方签订一份设计安装合同，完工后由对方一次性支付其劳务报酬120 000元根据个人所得税法的规定，本方案王某应纳个人所得税如下：

120 000×（1－20%）×40%－7 000=31 400（元）

方案二，王某与对方分别签订一份设计合同和安装合同，设计合同的劳务报酬金额为60 000元，安装合同的劳务报酬金额为60 000元，根据个人所得税法的规定，本方案王某应纳个人所得税如下：

设计劳务报酬应纳个人所得税=60 000×（1－20%）×30%－2 000=12 400（元）

安装劳务报酬应纳个人所得税=60 000×（1－20%）×30%－2 000=12 400（元）

按照方案二，王某的两项劳务报酬均适用低税率，从而使他少缴纳个人所得税为=31 400－12 400－12 400=6 600元。

（六）避免临界点以适用低税率

对于年终一次性奖金缴税，由于政策本身不合理的原因，在某些金额区间内，可能会出现税前奖金增加后，纳税人实际获得的税后奖金反而减少的情况，这时就出现了年终奖金政策的"无效区间"或称"不合理区间"，即税收临界点。由于税法规定，工资、薪金所得是按超额累进的办法计税，往往在税收临界点处存在显著的税负差异。因此，企业在发放年终奖金前，要事先做好筹划，尽量避免将税前年终奖金的余额定在所谓的"无效区间"内。

四、合理转换纳税人身份节税设计

（一）利用非居民身份进行节税设计

非居民纳税义务人比居民纳税义务人承担较轻的税负。居住在中国大陆的港澳台同胞、海外侨胞及外国人如果在一个纳税年度内，一次离境超过30日或多次离境累计超过90日的，简称"90天规则"，将不被视为全年在中国境内居住。把握这一尺度，就会避免成为个人所得税的居民纳税义务人，其所得中仅就其来源于中国境内的所得缴纳个人所得税。

节 税 锦 言

通过增加临时离境的天数，尽量满足成为非居民纳税义务人的条件，是避免成为居民纳税义务人税收筹划的重点。外籍人员到我国工作时，应充分利用我国所规定居民纳税义务人的条件，避免成为我国的居民纳税义务人，从而减轻个人所得税税负。

（二）利用不同性质个人投资企业身份进行筹划

个人独资企业是指依照《个人独资企业法》在中国境内设立的。由一个自然人投资，财产为投资者个人所有，投资人以其个人财产对企业债务承担无限责任的经营实体。税收政策规定，从 2000 年 1 月 1 日起，对个人独资企业停止征收企业所得税。个人独资企业投资者的投资所得，比照个体工商户的生产、经营所得征收个人所得税。所以，个人独资企业投资者所承担的税负依年应纳税所得额及适用税率的不同而有所不同。如果适当进行筹划，就能得到很好的节税效果。

【例4-9】王某开设了一家经营水暖器材的公司，由其妻负责经营管理。王某也经常承接一些安装维修工程。每年销售水暖器材的应纳税所得额为45 000 元，安装维修的纳税所得额为 30 000 元。

王某全年应纳税所得额为 75 000 元，适用税率为 30%。

应纳个人所得税：75 000×30%－9 750（速算扣除数）=12 750（元）

实际税率：12 750÷75 000×100%=17%

现在王某和妻子决定成立两个个人独资企业，王某的企业专门承接安装维修工程，妻子的公司只销售水暖器材。在这种情况下，假定应纳税所得额同上。

王某每年应纳个人所得税：

30 000×10%－750（速算扣除数）=2 250（元）

王某的妻子每年应纳个人所得税：

45 000×20%－3 750（速算扣除数）=5 250（元）

两人合计纳税为 2 250+5 250=7 500 元，实际税率为 7 500÷75 000×100%=10%。

实际税负由 17% 下降到 10%，税负下降了 7 个百分点。

五、利用个人所得税优惠进行节税设计

税收优惠政策，用现在比较通用的说法叫作税式支出或税收支出，是政府为了扶持某些特定地区、行业、企业和业务的发展，或者对某些具有实际困难的纳税人给予照顾，通过一些制度上的安排，给予某些特定纳税人以特殊的税收政策。比如，免除其应缴纳的全部或者部分税款，或者按照其缴纳税款的一定比例给予返还，等等。

（一）个人所得税的免税项目

个人取得的下列各项所得，免征个人所得税，具体包括以下 10 点。

1. 省级人民政府、国务院部委和中国人民解放军军以上单位，以及外国组织、国际组织颁发的科学、教育、技术、文化、卫生、体育、环境保护等方面的奖金。

2. 国债和国家发行的金融债券利息。国债利息是指个人持有中华人民共和国财政部发行的债券而取得的利息；国家发行的金融债券利息是指个人持有经国务院批准发行的金融债券而取得的利息。

3. 按照国家统一规定发给的补贴、津贴。按照国家统一规定发给的补贴、津贴，是指按照国务院规定发给的政府特殊津贴、院士津贴、资深院士津贴，以及国务院规定免纳个人所得税的其他补贴、津贴。

4. 福利费、抚恤金、救济金。福利费是指根据国家有关规定，从企业、事业单位、国家机关、社会团体提留的福利费或者工会经费中支付给个人的生活补助费；救济金是指各级人民政府民政部门支付给个人的生活困难补助费。

5. 保险公司支付的保险赔款。

6. 军人的转业费、复员费，免征个人所得税。

7. 按照国家统一规定发给干部、职工的安家费、退职费、退休费、离休工资、离休生活补助费。

8. 我国政府参加的国际公约、签订的协议中规定免税的所得，免征个人所得税。

9. 企业和个人按照国家或地方政府规定的比例提取，并向指定金融机构实际缴纳的住房公积金、医疗保险费、基本养老保险金，不计入个人当期的工资、薪金收入，免征个人所得税。

10. 经国务院财政部门批准免税的所得。

（二）个人所得税的减税项目

有下列情形之一的，经批准可以减征个人所得税，具体包括以下 3 点。

1. 残疾、孤老人员和烈属的所得。

2. 因严重自然灾害造成重大损失的。

3. 其他经国务院财政部门批准减税的。

上述减税项目的减征幅度和期限由省、自治区、直辖市人民政府规定。

（三）个人所得税暂时免税项目

按照规定，下列所得暂免征收个人所得税。

1. 按照我国有关法律规定应当免税的各国驻华使馆、领事馆的外交代表、领事官员和其他人员的所得，免征个人所得税。

2. 在中国境内无住所，但是一个纳税年度中在中国境内连续或者累计居住不超过 90 天的个人，其来源于中国境内的所得，由境外雇主支付并且不由该雇主在中国境内的机构、场所负担的部分，免征个人所得税。

3. 外籍个人以非现金形式或者实报实销形式取得的合理的住房补贴、伙食补贴、搬迁费、洗衣费，暂免征收个人所得税。

4. 为联合国援助项目来华工作专家的工资、薪金所得，暂免征收个人所得税。

5. 援助国派往我国专为该国无偿援助项目工作专家的工资、薪金所得，暂免征收个人所得税。

6. 根据两国政府签订的文化交流项目来华两年以内的文教专家，其工资、薪金所得由该国负担的，对其工资、薪金所得，暂免征收个人所得税。

7. 根据我国大专院校国际交流项目来华工作的专家，其工资、薪金所得由该国负担的，对其工资、薪金所得，暂免征收个人所得税。

8. 通过民间科研协定来华工作的专家，其工资、薪金所得由该国政府负担的，对其工资、薪金所得，暂免征收个人所得税。

9. 外籍个人按合理标准取得的境内、境外出差补贴，暂免征收个人所得税。

10. 按照规定，持有 B 股或海外股（包括 H 股）的外籍个人、从发行该 B 股或海外股的中国境内企业所取得的股息（红利）所得，暂免征收个人所得税。

11. 外籍个人取得的探亲费、语言训练费、子女教育费等，经当地税务机关审核批准为合理的部分，暂免征收个人所得税。

12.外籍个人从外商投资企业取得的股息、红利所得，暂免征收个人所得税。

（四）利用个人所得税优惠政策进行节税设计

1.将资金投资于国家免税的投资项目

国债和国家发行的金融债券利息免征个人所得税。纳税人可以投资上述项目，享受免征个人所得税的优惠政策。

2.盈利企业应为职工发放福利费、抚恤金和救济金

福利费、抚恤金、救济金免征个人所得税。盈利企业为职工发放福利费、抚恤金和救济金，既可以降低企业的应纳税所得额，也可以使职工享受免征个人所得税的优惠政策。

节　税　锦　言

个人所得税的纳税人和扣缴义务人应充分了解个人所得税的优惠政策，防止因对政策掌握不准而多缴纳个人所得税的情况发生。

六、巧用公积金进行节税设计

根据个人所得税法的有关规定，工薪阶层个人每月所缴纳的住房公积金是从税前扣除的，也就是说按标准缴纳的住房公积金是不用纳税的。同时，职工又是可以缴纳补充公积金的。

根据规定，单位和个人分别在不超过职工本人上一年度月平均工资12%的幅度内，其实际缴存的住房公积金，允许在个人应纳税所得额中扣除。单位和职工个人缴存住房公积金的月平均工资不得超过职工工作地所在设区城市上一年度职工月平均工资的3倍，具体标准按照各地有关规定执行。个人实际领（支）取原提存的住房公积金时，免征个人所得税。根据《住房公积金管理条例》第三条职工个人缴存的住房公积金和职工所在单位为职工缴存的住房公积金，属于职工个人所有。

所以，公司给员工缴纳住房公积金比例、缴纳基数不要偏低，可以充分利用税收政策，提高缴纳住房公积金，给予员工更高的福利政策。以下3种情况可以减少缴纳个人所得税：第一种情况是按规定标准缴存住房公积金后，

可以在个人所得额中扣除，不缴纳个人所得税；第二种情况是按规定标准缴存住房公积金后，可以降低个人所得税级次，减少缴纳个人所得税；第三种情况是按规定标准单位缴存住房公积金的部分可以替换给予的工资薪酬，减少个人所得额，少缴纳个人所得税。

【例4-10】王某每月应从单位取得工资5 500元，减除个人负担的社会保险费350元后，王某每月实际取得工资5 150元，该单位未为王某缴纳住房公积金，王某个人也未缴纳住房公积金。王某上一年度月平均工资也是5 150元，其工作地所在设区城市上一年度职工月平均工资为2 000元（假设例中个人负担的社会保险费350元在税法规定的标准和范围内）。

方案一，未缴纳公积金前个人所得税测算：

王某每月应缴纳个人所得税＝（5 150－3 500）×10%－105＝60（元）

全年应缴纳个人所得税＝60×12＝720（元）

方案二，其他条件不变，单位按王某上一年度月平均工资12%的部分以住房公积金形式缴入王某住房公积金账户，王某个人也按同样的金额缴入住房公积金账户。

单位为王某缴纳的住房公积金＝5 500×12%＝660（元）

王某个人缴纳的住房公积金为660元。

王某实际当月工资、薪金所得＝5 500－350－660＝4 490（元）

王某每月应缴纳个人所得税＝（4 490－3 500）×3%＝29.7（元）

全年应缴纳个人所得税＝29.7×12＝356.4（元）

方案二与方案一相比较，每年职工王某能够少缴纳个人所得税363.6元。

节 税 锦 言

一般职工提高公积金缴存还是有一定空间的，工薪纳税人巧用公积金节税是合理可行的。需要强调的是，利用个人缴纳补充公积金进行避税时有两个问题要注意：一是纳税人要在所在单位开立个人补充公积金账户；二是纳税人每月缴纳的补充公积金虽然可以节税，但不能随便支取，固化了个人资产。

七、恰当选择捐赠方式的节税设计

根据《中华人民共和国个人所得税实施条例》规定，个人将其所得通过中国境内的社会团体、国家机关向教育和其他社会公益事业以及遭受严重自然灾害地区、贫困地区的捐赠，金额未超过纳税人申报的应纳税所得额30%的部分，可以从其应纳税所得额中扣除。也就是说，个人在捐赠时，必须在捐赠方式、捐赠款投向、捐赠额度上同时符合法规规定，才能使这部分捐赠款免缴个人所得税。对于捐赠支出的税收筹划，应从以下两个方面着手。

（一）认清捐赠对象

根据《个人所得税法实施条例》第二十四条规定，税法第六条第二项所说的个人将其所得对教育事业和其他公益事业的捐赠，是指个人将其所得通过中国境内的社会团体、国家机关向教育和其他社会公益事业以及遭受严重自然灾害地区、贫困地区的捐赠。捐赠额未超过纳税义务人申报的应纳税所得额30%的部分，可以从其应纳税所得额中扣除。

在进行捐赠时，应注意捐赠的对象，除了税法及相关法规规定的捐赠对象外，其他捐赠支出不允许列支。

【例4-11】王某将劳务报酬9 000元中的1 500元捐给民政部门用于救灾，将500元直接捐给受灾者个人。

（1）捐给民政部门

捐给民政部门用于救灾的1 500元，属于个人所得税法规定的捐赠范围，而且捐赠金额未超过其应纳税所得额的30%，则

捐赠扣除限额 =9 000×（1-20%）×30% =2 160（元）

实际捐赠1 500元，可以在计税时，从其应税所得额中全部扣除。

（2）直接捐赠给受灾者个人

直接捐赠给受灾者个人的500元，不符合税法规定，不得从其应纳税所得额中扣除。劳务报酬一次性收入超过4 000元的，应纳税所得额和应纳个人所得税：

应纳税所得额 = 每次收入额 ×（1-20%）

应纳个人所得税 =（应纳税所得额 - 允许扣除的实际捐赠额）×20%

（3）应纳个人所得税

由此，我们可以看出，王某应纳个人所得税：

应纳个人所得税 = [9 000×（1-20%）-1 500]×20% =1 140（元）

（二）捐赠方式的选择

1. 分次安排捐赠数额

若所得为一项，可根据捐赠限额的多少分次安排捐赠数额。

【例4-12】王某2016年4月共取得工资、薪金收入6 000元，本月对外捐赠1 000元，则

允许税前扣除的捐赠额=（6 000-3 500）×30%=750（元）

本月应纳税额=（6 000-3 500-750）×10%-105=70（元）

假设王某5月份的工资、薪金所得仍为6 000元。

5月份应纳税额=（6 000-3 500）×10%-105=145（元）

如果王某改变做法，4月份捐赠750元，剩余的250元改在5月份捐赠。

5月份王某应纳税额=（6 000-3 500-250）×10%-105=120（元）

由此可见，同样是捐赠1 000元，重新安排捐赠额后，纳税人可以少缴纳25元的所得税。

2. 分项安排捐赠数额

若所得为多项，可将捐赠额分散在不同的应税项目中进行捐赠。如果纳税人同期所得是多项的且所适用的税率高低不等，则纳税人应尽量先用税率高的应税所得进行捐赠。

【例4-13】王某2016年4月取得各项收入22 800元，其中工资、薪金所得为9 000元，特许权使用费所得为15 000元，稿酬所得为3 500元，王某热衷于公益事业，准备向希望工程捐赠为6 000元。

工资、薪金所得应纳税额=（9 000-3 500）×20%-555=545（元）

稿酬所得应纳税额=（3 500-800）×20%×（1-30%）=378（元）

特许权使用费所得税前允许扣除捐赠=15 000×（1-20%）×30%=3 600（元）

特许权使用费所得应纳税额=［15 000×（1-20%）-3 600］×20%=1 680（元）

王某4月份应纳个人所得税额=545+378+1 680=2 603（元）

如果王某精心筹划，根据各项应税所得的扣除限额分别从三项所得中拿出相应的数额进行捐赠，则：

工薪所得扣除限额＝（9 000-3 500）×30%＝1 650（元）

特许权使用费所得扣除限额＝15 000×（1-20%）×30%＝3 600（元）

稿酬所得扣除限额＝（3 500-800）×30%＝810（元）

扣除限额合计＝1 650+3 600+810＝6 060（元）

如前所述，王某向希望工程捐赠6 000元，按税率高低安排，即特许权使用费捐赠3 600元，工薪所得捐赠1 650元，稿酬所得捐赠750元，则：

工薪所得应纳税额＝（9 000-3 500-1 650）×10%－105＝280（元）

特许权使用费所得应纳税额＝［15 000×（1-20%）-3 600］×20%＝1 680（元）

稿酬所得应纳税额＝（3 500-800-750）×20%×（1-30%）＝273（元）

应纳税额合计＝280+1 680+273＝2 233（元）

显而易见，通过对捐赠额的适当划分，扣除限额得到充分利用，王某少纳税370元，减轻了个人所得税的税收负担。

节 税 锦 言

根据财政部、国家税务总局、民政部《关于公益捐赠税前扣除有关问题的通知》（财税〔2008〕160号）第八条规定，公益性社会团体和县级以上人民政府及其组成部门和直属机构在接受捐赠时，应按照行政管理级次分别使用由财政部或省、自治区、直辖市财政部门印制的公益性捐赠票据，并加盖本单位的印章。对个人索取捐赠票据的，应予以开具。新设立的基金会在申请获得捐赠税前扣除资格后，原始基金的捐赠人可凭捐赠票据依法享受税前扣除。部分经过批准的基金会，如农村义务教育基金会、宋庆龄基金会、中国福利会、中国红十字会等，个人向其捐赠的所得，按照规定可以在计算个人应纳税所得额时全额扣除。

这就是说，个人在捐赠时，必须在捐赠方式、捐赠款投向、捐赠额度上同时符合法规规定，才能使这部分捐赠款免缴个人所得税。

八、分次报税的节税设计

根据税法规定，个人所得税对纳税义务人取得的劳务报酬所得、稿酬所得、特许权使用费所得、利息、股息、红利所得、财产租赁所得、偶然所得和其他所得等7项，都应当按次计算征税。其费用扣除按每次应纳税所得额的大小，分别规定了定额和定率两种标准，如果能把一次取得的收入变为多次取得的收入，就可以享受多次扣除，达到少缴纳个人所得税的目的。

对于只有一次性收入的劳务报酬，以取得该项收入为一次。大致情况有以下5种。

一是接受客户委托从事设计装潢，完成后取得的收入为一次。

二是属于同一事项连续取得劳务报酬的，以一个月内取得的收入为一次。

三是同一作品再版取得的所得，应视为另一次稿酬所得计征个人所得税。

四是同一作品先在报刊上连载，然后再出版；或先出版，再在报刊上连载的，应视为两次稿酬所得缴税。即连载作为一次，出版作为另一次。

五是财产租赁所得，以一个月内取得的收入为一次。

【例4-14】王某是管理咨询师，长期为一家公司提供管理咨询服务，按合同约定，该公司每年付给王某咨询费65 000元。

若按一人一次申报纳税的话：

应纳税所得额 = 65 000 − 65 000×20%=52 000（元）

应纳税额 = 52 000×20%×（1+50%）=15 600（元）

若王某是按月申报纳税的话，每月平均为5 417元：

按月申报应纳税额 =（5 417 −5 417×20%）×20%=867（元）

全年应纳税额 = 867×12 =10 404（元）

由此，我们可以看出，若王某采用按月申报纳税，就可以减少缴纳个人所得税5 196元。

第五章 目标利润最大化——
服务企业印花税的节税优化设计

第一节 印花税的概述

一、了解印花税

(一) 印花税的概念

印花税是对经济活动和经济交往中书立、使用、领受具有法律效力的凭证的单位和个人征收的一种税。

印花税的税率分为比例税率和定额税率。印花税是以经济活动中签立的各种合同、产权转移书据、营业账簿、权利许可证照等应税凭证文件为对象所征的税。在中华人民共和国境内书立、领受按规定应征税的各种证、照、凭证、簿据的单位和个人都是印花税的纳税人。同一凭证上两方或两方以上当事人签订并各执一份的,应当由各方按所执一份各自全额纳税。由代理人代办经济凭证,则凭证当事人的代理人有代为纳税的义务。印花税纳税人按规定自行购买并粘贴印花税票,即完成纳税义务。

(二) 印花税的优惠政策

印花税的税收优惠主要是减免税。

印花税税收优惠主要包括以下9种。

1.对已缴纳印花税凭证的副本或者抄本免税。

2.对财产所有人将财产赠给政府、社会福利单位、学校所立的书据免税。

3.收购合同免税。

4.对无息、贴息贷款合同免税。

5.对外国政府或者国际金融组织向我国政府及国家金融机构提供优惠贷

款所书立的合同免税。

6. 对房地产管理部门与个人签订的用于生活居住的租赁合同免税。

7. 对农牧业保险合同免税。

8. 对特殊货运凭证免税。这类凭证指军事物资运输凭证、抢险救灾物资运输凭证、新建铁路的工程临管线运输凭证。

9. 为鼓励金融机构对小型、微型企业提供金融支持，促进小型、微型企业发展，对金融机构与小型、微型企业签订的借款合同涉及的印花税，予以免征。

二、印花税的征收对象和范围

（一）印花税的征收对象

在中华人民共和国境内书立、领受《印花税暂行条例》所列举凭证的单位和个人，均为印花税的纳税义务人。根据不同纳税对象，具体规定如下所述。

1. 各类合同的纳税义务人。各类合同的纳税义务人为立合同的当事人。当事人是指对合同有直接权利和义务关系的单位和个人，不包括保人、证人、鉴定人。当事人的代理人有代理纳税的义务。如果一份合同由两方或两方以上当事人共同签订，签订合同的各方都是纳税义务人。

2. 营业账簿的纳税义务人。营业账簿的纳税义务人为立账簿人。立账簿人是指开立并使用营业账簿的单位和个人。如企业因生产的需要，设立了若干营业账簿，该企业为印花税的纳税义务人。

3. 产权转移书据的纳税义务人。产权转移书据的纳税义务人为立据人。立据人是指书立产权转移书据的单位和个人。如果该产权转移书据是由两方或两方以上单位和个人共同书立的，各方都是纳税义务人。

4. 权利、许可证照的纳税义务人。权利、许可证照的纳税义务人为领受人。领受人是指领取并持有该项凭证的单位和个人。

（二）印花税的征税范围

《印花税暂行条例》规定，应纳税凭证包括以下4大类、共计13个税目。

1. 合同或具有合同性质的凭证。这包括购销、加工承揽、建设工程勘察设计、建筑安装工程承包、财产租赁、货物运输、仓储保管、借款、财产保险、技术等合同、凭证，共计 10 个税目。

2. 产权转移书据。这包括财产所有权和版权、商标专用权、专利权、专有技术使用权等转移所书立的转移书据。

3. 营业账簿。这包括单位和个人从事生产经营活动所设立的各种账册。

4. 权利、许可证照。这包括房屋产权证、工商营业执照、商标注册证、专利证、土地使用证等证照。

三、印花税的计算

（一）印花税税率

印花税税率采用比例税率和定额税率。

1. 比例税率

按照《印花税暂行条例》的规定，对载有金额的凭证，如各类合同、资金账簿等，都采用比例税率。因为这类凭证都已明确记载了金额，金额多的多缴，金额少的少缴。这样既保证了税收收入，又体现了税收合理负担的原则。在印花税的 13 个税目中，采用比例税率的有 11 个税目和"营业账簿"这一税目中的资金账簿部分。

2. 定额税率

印花税的定额税率是指按件定额贴花。根据《印花税暂行条例》的规定，对一些无法计算金额的凭证，每件按 5 元贴花。在印花税的 13 个税目中，适用定额税率按件贴花的有"权利、许可证照"税目和"营业账簿"税目中的其他账簿部分。

（二）计税方法

印花税以应纳税凭证所记载的金额、费用、收入额和凭证的件数为计税依据，按照适用税率或者税额标准计算应纳税额。

应纳税额计算公式：

应纳数额 = 应纳税凭证记载的金额（费用、收入额）× 适用税率

应纳税额 = 应纳税凭证的件数 × 适用税额标准

（三）印花税的计税依据

纳税人根据应纳税凭证的性质，分别按比例税率或者按件定额计算应纳税额。具体税率、税额的确定如表 5-1 所示。

表 5-1　印花税的计税依据

性质	税额
购销合同	包括供应、预购、采购、购销结合及协作、调剂、补偿、易货等合同,按购销金额万分之三贴花
加工承揽合同	包括加工、定作、修缮、修理、印刷、广告、测绘、测试等合同,按加工或承揽收入万分之五贴花
建设工程勘察设计合同	按收取费用万分之五贴花
建筑安装工程承包合同	按承包金额万分之三贴花
财产租赁合同	包括租赁房屋、船舶、飞机、机动车辆、机械、器具设备等,按租赁金额千分之一贴花。税额不足一元的按一元贴花
货物运输合同	包括民用航空、铁路运输、海上运输、内河运输、公路运输和联运合同,按运输费用万分之五贴花。单据作为合同使用的,按合同贴花
仓储保管合同	按仓储保管费用千分之一贴花,仓单或栈单作为合同使用的,按合同贴花
借款合同	银行及其他金融组织和借款人(不包括银行同业拆借)所签订的借款合同,按借款金额万分之零点五贴花。单据作为合同使用的,按合同贴花
财产保险合同	包括财产、责任、保证、信用等保险合同,按投保金额万分之零点三贴花。单据作为合同使用的,按合同贴花
技术合同	包括技术开发、转让、咨询、服务等合同,按所载金额万分之三贴花
产权转移书据	包括财产所有权和版权、商标专用权、专利权、专有技术使用权等转移书据,按所载金额万分之五贴花
营业账簿	生产经营用账册,记载资金的账簿,按固定资产原值与自有流动资金总额万分之五贴花,其他账簿按件贴花五元
权利许可证照	包括政府部门发给的房屋产权证、工商营业执照、商标注册证、专利证、土地使用证,按件贴花五元

四、印花税的征收管理

根据税额大小,应税项目纳税次数多少以及税源控管的需要,印花税分别采用自行贴花、汇贴汇缴和委托代征这 3 种纳税方法。

(一)自行贴花

所谓"自行贴花",是指纳税人自行计算应纳税额,自行购买印花税票,自行完成纳税义务（即自行贴花并注销）的一种方法。对已贴花的凭证，修改后所载金额增加的，其增加部分应当补贴印花税票。凡多贴印花税票者，不得申请退税或者抵用。这种办法一般适用于应税凭证较少或者贴花次数较少的纳税人。

印花税票一经售出，国家即取得了印花税收入，但不等于纳税人履行了纳税义务，只有在纳税人按规定将印花税票（足额）粘贴在应税凭证的适当位置后，经盖销或划销后才是完成了纳税手续。已完成纳税手续的凭证应按规定的期限妥善保管，以备核查。同时必须明确：已贴用的印花税票不得重用；已贴花的凭证，修改后所载金额有增加的，其增加部分应当补贴足印花。

（二）汇贴汇缴

所谓"汇贴"，是指一份凭证应纳税额超过 500 元的，应向当地税务机关申请填写缴款书或者完税凭证，将其中一联粘贴在凭证上或者由税务机关在凭证上加注完税标记代替贴花。所谓"汇缴"，是指同一种类应纳税凭证，需要频繁贴花的，应向当地税务机关申请按期汇总缴纳印花税。汇贴或汇缴的办法，一般适用于应纳税额较大或者贴花次数频繁的纳税义务人。

同一类应纳税凭证，需频繁贴花的，纳税人应向当地税务机关申请按期汇总缴纳印花税。税务机关对核准汇总缴纳的单位，应发给汇缴许可证，汇总缴纳的限期限额由当地税务机关确定，但最长期限不得超过 1 个月。凡汇总缴纳印花税的凭证，应加注税务机关指定的汇缴戳记，编号并装订成册后，将已贴印花或者缴款书的一联黏附于册后，盖章注销，保存备查。

（三）委托代征方法

这一办法主要是通过税务机关的委托，经由发放或者办理应纳税凭证的单位代为征收印花税税款。税务机关应与代征单位签订代征委托书。税务机关委托工商行政管理机关代售印花税票，按代售金额 5% 的比例支付代售手续费。

节　税　锦　言

纳税人不论采用哪一种纳税办法，均应对纳税凭证妥善保存。凭证的保存期限：凡国家已有明确规定的，按规定办理，其余凭证均应在履行完毕后保存 1 年。

第二节　印花税的节税设计

一、减少合同主体进行节税设计

　　税法规定，对于同一凭证，如果由两方或者两方以上当事人签订并各执一份时，各方均为纳税人，应当由各方就所持凭证的各自金额贴花。所谓当事人，是指对凭证有直接权利义务关系的单位和个人，不包括保人、证人、鉴定人。而减少参与人数避税法的思路就是尽量减少书立使用各种凭证的人数，使更少的人缴纳印花税，使当事人总体税负下降，从而达到少缴税款的目的。

　　根据印花税相关法规，对于应税凭证，凡是由两方或两方以上当事人共同书立的，其当事人各方都是印花税的纳税人。如果几方当事人在书立合同时，能够不在合同上出现的当事人不以当事人身份出现在合同上，则效果就达到了。比如甲、乙、丙、丁四人签订一合同，乙、丙、丁三人基本利益一致，就可以任意选派一名代表，让其和甲签订合同，则合同的印花税纳税人便只有甲和代表人。

　　这种筹划方法也可以应用到书立产权转移书据的立据人。因为一般来说，产权转移书据的纳税人只有立据人，不包括持据人，持据人只有在立据未贴或少贴印花税票时，才负责补贴印花税票。但是，如果该项凭证是有两方或两方以上单位或个人共同书立，各方都是纳税人，应各就其所持凭证的计税金额履行纳税义务。因而，这时要想减少缴纳印花税，就采取适当的方式，使尽量少的当事人成为纳税人，税款自然就会减少。

二、选择低税率进行节税设计

　　对订立合同纳税筹划的重点之一，就是选择低税率的项目作为计税依据。依据印花税条例规定，各类经济合同订立后，不论合同是否履行，都应按合同上所记载的金额、收入或费用为计税依据，依照不同项目的适用税率，计算缴纳印花税。因此，在订立合同时应选择低税率的项目。

【例5-1】甲公关公司接受本市一家公司的委托，负责办理一次大型活动，总价为200万元，所需材料140万元，其他20万元。

其纳税筹划方法如下所述。

（1）按总价值签订合同，其应缴纳印花税：

应纳税额 = 2 000 000 × 0.5‰ = 1000（元）

（2）按材料其他工费分开签订合同，其应缴纳印花税：

应纳税额 = 1 600 000 × 0.3‰ + 400 000 × 0.5‰ = 680（元）

（3）只是就加工费部分签订合同，则其应缴纳印花税：

应纳税额 = 400 000 万元 × 0.5‰ = 200（元）

三、选择保守金额进行节税设计

由于理论与现实的差距，理论上认为可能实现或完全能实现的合同，可能在现实中由于种种原因无法实现或无法完全实现，这样最终合同履行的结果会与签订合同时有些出入。由于我国印花税是一种行为税，是对企业的书立、领受及使用应税凭证的行为课征的税收，因而只要有签订应税合同的行为发生，双方或多方企业的纳税义务便已产生，应该计算应纳税额并贴花。

例如，当初订立合同时确定的合同总金额为1 500万元，但最终结算时，发现因客观情况限制，实际只履行了1 000万元。由于印花税法规定，只要合同订立，合同各方的纳税义务便已产生，无论合同是否兑现或是否按期兑现，均应计算缴纳印花税；而且对已履行并贴花的合同，所载金额与合同履行后实际结算金额不一致的，只要双方未修改合同金额，一般不再办理完税手续。

在合同设计时，双方当事人应充分地考虑到以后经济交往中可能会遇到的种种情况，根据这些可能情况，确定比较合理、比较保守的金额。除此之外，企业还可以采取其他办法弥补多贴印花税票的损失。比如，在合同中注明："如果一方有过错导致合同不能履行或不能完全履行，有过错方负责赔偿无过错方多缴的税款。"这样一来，税收负担问题就很好解决。

【例5-2】甲咨询公司拟向某客户提供咨询服务。由于该客户为一家刚成立的公司，因而提出总共2 000万元的服务费，但最终数量可能要等到企业开办期结束时才能确定，也许会少于这个金额。如果公司按此金额与客户签订合同，则双方需要缴纳印花税为：

20 000 000×0.03%＝6 000（元）

如果公司将合同金额定得保守一些，比如定为1 600万元，则双方需要缴纳印花税为：

16 000 000×0.03%＝4 800（元）

如果该客户最终需要定购2 000万元的费用，公司可以与该客户补签第二份合同，金额为400万元，则双方需要就此份合同缴纳印花税为：

4 000 000×0.03%＝1 200（元）

与筹划前相比，双方可推迟缴纳印花税1 200元。而且，如果最后该客户无须再定购这400万元的机电设备，则双方就可以避免缴纳这1 200元印花税。

四、选择压缩金额进行节税法

减少交易金额印花税是对在我国境内设立、领受应税凭证的单位和个人，就其设立、领受的凭证征收的一种税。由于各种经济合同的纳税人是订立合同的双方或多方当事人，其计税依据是合同所载的金额。因而出于共同利益，双方或多方当事人可以经过合理筹划，使各项费用及原材料等的金额通过合法的途径从合同所载金额中得以减除，从而压缩合同的表面金额，达到减少税额的目的。

节 税 锦 言

压缩金额筹划法在印花税的筹划中可以广泛的应用，比如互相以物易物的交易合同中，双方当事人尽量互相提供优惠价格，使得合同金额下降到合理的程度。当然这要注意一下限度，以免被税务机关调整价格，最终导致赋税更重，得不偿失。

五、选择模糊金额法进行节税设计

由于经济生活中普遍存在着不确定性因素，企业经常会遇到合同订立时，合同金额尚无法确定的情况。税法规定，有些合同在签订时无法确定计税金额，如技术转让合同中的转让收入是按销售收入的一定比例收取的或是按其实现利润多少进行分成的；财产租赁合同，只是规定了月（天）租金标准而无租赁期限的，对这类合同，可在签订时先按定额 5 元贴花，以后结算时再按照实际的金额计税，补贴印花。这便给纳税人进行纳税筹划创造了条件。

具体做法是当企业与客户签订数额较大的合同时，可以有意识地使合同所列金额不确定，先按 5 元贴花，大额税款待到合同完成时再补缴。这样做虽然不会降低企业应缴纳的印花税总额，但由于把大额税款推迟缴纳，可以使企业获得货币时间价值方面的利益，缓解企业资金紧张的压力。

【例 5-3】甲公司准备向某专业租赁公司租入一批大型专用设备，预计租期为 1 年，租金约为 500 万元。如果双方签订为期 1 年的租赁合同，则双方均需缴纳印花税：

5 000 000×1‰ =5 000（元）

如果双方在合同中只规定每天的租金标准，而不具体明确合同的执行期限，则此份合同就属于订立时无法确定总金额的合同。依据印花税法规定，在合同订立时，双方只需要缴纳 5 元的印花税，其余 4 995 元的印花税可以等到一年后合同执行完毕后再补缴，从而合理地递延了大额税款。

六、降低计税依据进行节税设计

对订立合同纳税筹划的另一重点是降低计税依据。由于印花税税率较低，印花税筹划的关键集中在计税依据的确定。

印花税的计税依据是合同上所载金额。税法规定，凡由两方或两方以上当事人共同书立的，其当事人各方都是印花税的纳税人，应当由各方就所持凭证的计税金额各自履行纳税义务。因而出于共同利益，双方或多方当事人可以经过合理筹划，使某些金额通过非违法的途径从合同所载金额中减除，压缩合同的计税金额，达到少缴印花税的目的。

掌握以下几点将有利于财务人员准确地计算印花税，避免多纳税款。

一是同一凭证，载有两个或两个以上经济事项而适用不同税目税率，如分别记载金额的应分别计算应纳税额，相加后按合计税额贴花；如未分别记载金额的，按税率较高的计税贴花。

二是应税凭证所载金额为外国货币的，应按照凭证书立当日国家外汇管理局公布的外汇牌价折合人民币，然后计算应纳税额。

三是应纳税额不足1角的，免纳印花税；1角以上的，其税额尾数不满5分的不计，满5分的按1角计算。

四是对于在签订时无法确定计税金额的合同，可在签订时先按定额5元贴花，以后结算时再按实际金额计税，补贴印花。

五是商品购销活动中，采用以货换货方式进行商品交易签订的合同，是反映既购又销双重经济行为的合同，对此，应按合同所载的购销合计金额计税贴花。合同未列明金额的，应按合同所载购、销数量依照国家牌价或者市场价格计算应纳税额。

六是对国内各种形式的货物联运，凡在起运地统一结算全程运费的，应以全程运费作为计税依据，由起运地运费结算双方缴纳印花税；凡分程结算运费的，应以分程的运费作为计税依据，分别办理运费结算的各方缴纳印花税。

七是对国际货运，凡是我国运输企业运输的，不论在我国境内、境外起运或中转分程运输，我国运输企业所持的一份运费结算凭证，均按本程运费计算应纳税额；托运方所持的一份运费结算凭证免纳印花税；承运方所持的一份运费结算凭证应缴纳印花税。

【例5-4】甲房地产开发公司，2014年1月与某建筑工程公司签订A工程施工合同，金额为8 000万元。合同签订后，印花税已缴纳。由于该工程建筑图纸做重大修改，2015年1月，工程竣工时实际工程决算金额为6 000万元。该公司2016年1月签订B工程建筑施工合同，合同金额为8 000万元，以A工程多缴印花税为由，冲减合同金额2 000万元，然后计算缴纳印花税。

虽然存在A工程合同金额减少等现象，但该公司以冲减后的金额为依据，缴纳印花税的做法是错误的。因为印花税是对经济活动和经济交往中书立、使用、领受具有法律效力的凭证的单位和个人征收的一种税。印花税是一种具有行为税性质的凭证税，凡发生书立、使用、领受应税凭证的行为，就必须依照印花税法的有关规定，履行纳税义务。应税合同在签订时纳税义务即已发生，应计算缴纳印花税，但如果合同未载明金额的，则先按每件5元贴花，待合同执行后按实际金额计算贴花。

【例5-5】A甲公司将办公楼的第一层800平方米租赁给B超市，双方约定的租金标准为每平方米80元／月，租赁期为3年，合同约定总租金为230.4万元，每年年初支付年租金。从纳税筹划的角度考虑，A、B双方应如何签订租赁合同？

解析：如果在签订合同时明确规定3年租金为230.4万元。

两个企业各自应缴印花税 $=2\,304\,000 \times 1‰ =2\,304$（元）

如果两企业在签订合同时仅规定每天的租金数，而不具体确定租赁合同的执行时限，由于计税金额无法确定，两个企业在签订合同时只需各自缴纳5元的印花税，余下部分等到结算时才缴纳。

节　税　锦　言

这种筹划方法要尽可能先签订框架合同，或签订不确定金额或确定的合同金额较低的合同，待工程竣工时，按实际工程决算金额计算缴纳印花税，这样就可少缴或避免多缴印花税。

七、分开核算筹划法的节税设计

按照税法规定，同一凭证，因载有两个或两个以上经济事项而适用不同税目税率，如分别记载金额的，应分别计算应纳税额，相加后按合计税额贴花；如未分别记载金额的，按税率高的计税贴花。这里，如果纳税人不明白这一点，不分别确定交易金额的，则会造成税收支出的增加，但是，从另一个方面看，这也给我们提供了一种筹划的思路。

我国印花税法规定：加工承揽合同的计税依据为加工或承揽收入，如有委托方提供原材料金额的，可不并入计税依据，但受托方提供辅助材料的金额，应并入计税依据。由受托方提供原材料的，若合同中分别记载加工费金额和原材料金额，应分别计税：加工费金额按加工承揽合同适用0.05%税率计税；原材料金额按购销合同适用0.03%税率计税；最后按以上两项税额相加的金额贴花。若合同中未分别记载两项金额，而只有混合的总金额，则从高适用税率，按合同总金额适用0.05%税率计税贴花。

【例5-6】甲企业2016年10月与铁道部门签订运输合同，合同中所载运输费及保管费共计500万元。由于该合同中涉及货物运输合同和仓储保管合同两个印花税税目，而且两者税率不相同，前者为0.5‰，后者为1‰。根据上述规定，未分别记载金额的，按税率高的计税贴花，即按1‰税率计算应贴印花，其应纳税额为500×1‰＝0.5万元。

分析：纳税人只要进行一下简单的筹划，便可以节省不少税款。假定这份运输保管合同包含货物运输费300万元，仓储保管费200万元，如果纳税人能在合同上详细地注明各项费用及具体数额，按照上述第17条规定，便可以分别适用税率，其印花税应纳税额为300×0.5‰＋200×1‰＝0.35万元，订立合同的双方均可节省1500元税款。

八、分开记载经济事项进行节税设计

根据《中华人民共和国印花税暂行条例施行细则》第十七条规定："同一凭证，因载有两个或者两个以上经济事项而适用不同税目税率，如分别记载金额的，应分别计算应纳税额，相加后按合计税额贴花；如未分别记载金额的，按税率高的计税贴花。"

对于加工承揽合同，我国印花税税法还有如下规定。

一是加工承揽合同的计税依据为加工或承揽收入。委托方提供原材料金额的，可不并入计税依据，但受托方提供辅助材料的金额，则应并入计税金额。

二是加工承揽合同规定由受托方提供原材料的，若合同中分别记载加工费金额和原材料金额应分别计税，其中，加工费金额按加工承揽合同运用0.5‰税率计税，原材料金额按购销合同适用0.3‰税率计税，并按两项税额相加的金额贴花；若合同中未分别记载两项金额，而只有混合的总金额，则从高适用税率，应按全部金额依照加工承揽合同，适用0.5‰税率计税贴花。

【例5-7】A公司与B公司签订了一份加工承揽合同，合同规定A公司受B公司委托加工甲产品且加工所需的原材料和零配件均由A公司提供，A公司向B公司共收取加工费、原材料、零配件费用2000万元。

（1）如果没有进行分开记载，根据税法规定，从高适用加工承揽合同0.5‰的税率：

A 公司应纳税额 =2 000×0.5‰ =1（万元）

（2）如果分开记载，根据税法规定，合同上不同税目的金额适用不同的税率。若其中，原材料费用 1 400 万元，零配件费用 200 万元，加工费 400 万元，分别适用 0.3‰、0.5‰、0.5‰的印花税率。

A 公司应纳税额 =1 400×0.3‰ +200×0.5‰ +400×0.5‰ =0.72（万元）

因此，在订立以上合同时，纳税人应分开来进行记载、核算不同的经济事项，使合同上不同税目的金额适用不同的税率，以达到节税目的。如果通过双方协商，恰当增加低税率项目金额、降低高税率项目金额，则可取得更好的节税效果。

九、利用税收优惠进行节税设计

利用印花税的优惠政策进行节税设计时，应把握好以下政策要点。

（一）免征、暂免征规定

1.已缴纳印花税的凭证的副本或者抄本免征印花税，但是视同正本使用者除外。

2.财产所有人将财产赠给政府、社会福利单位（指抚养孤老伤残人员的社会福利单位）、学校所立的书据，免征印花税。

3.对铁路、公路、航运、水路承运快件行李、包裹开具的托运单据，暂免贴花。

4.凡附有军事运输命令或使用专用设备的军事物资运费结算凭证，免纳印花税。

5.凡附有县级以上（含县级）人民政府抢险救灾物资运输证明文件的运输结算凭证，免纳印花税。

6.为新建铁路运输施工所需物料，使用工程临管线专用运费结算凭证，免纳印花税。

7.由外国运输企业运输进口货物的，外国运输企业所持有的一份结算凭证免纳印花税。

（二）不贴印花的规定

1.财政等部门的拨款改贷款签订的借款合同，凡直接与使用单位签订的，暂不贴印花。

2. 出版合同，不贴印花。

3. 代理单位与委托单位签订的代理合同，不贴印花。

4. 农林作物、牧业畜类保险合同暂不贴花。

5. 对房地产管理部门与个人订立的租房合同，凡用于生活居住的，暂免贴印花。

6. 对铁路、公路、航运、水路承运快件行李、包裹开具的托运单据，暂免贴印花。

（三）分次贴花

对于微利、亏损企业记载资金的账簿，第一次贴花数额较大，难以承担的，经当地税务机关批准，可允许在 3 年内分次贴足印花。

第六章　统筹兼顾利润高——
服务企业房产税的节税优化设计

第一节　房产税的概述

一、了解房产税

（一）房产税的概念

房产税是以房屋为征税对象，按照房产原值（减除一定比例）或出租房屋的租金收入向房产所有人或经营人征收的一种财产税。

房产税的征税对象是房产。所谓房产，是指有屋面和围护结构，能够遮风避雨，可供人们在其中生产、学习、工作、娱乐、居住或储藏物资的场所。但独立于房屋的建筑物如围墙、暖房、水塔、烟囱、室外游泳池等不属于房产，但室内游泳池属于房产。

房产税属于财产税中的个别财产税。财产税按征税对象的不同，可以分为一般财产税和个别财产税。一般财产税是对纳税人拥有的各类财产综合课征的税收，个别财产税是对纳税人拥有的土地、房屋、资本和其他财产分别课征的税收。房产税属于个别财产税，其征税对象只是房屋。

（二）房产税的纳税义务人

房产税以征税范围内的房屋产权所有人为纳税义务人，具体包括5种。

1.产权属国家所有的，由经营管理单位纳税；产权属集体和个人所有的，由集体单位和个人纳税。

2.产权出典的，由承典人纳税。所谓产权出典，是指产权所有人将房屋、生产资料等的产权，在一定期限内典当给他人使用，而取得资金的一种融资业务。

这种业务大多发生于出典人急需用款，但又想保留产权回赎权的情况。

由于在房屋出典期间，产权所有人无权支配房屋，因此，税法规定由房屋具有支配权的承典人为纳税人。

3.产权所有人、承典人不在房屋所在地的，由房产代管人或者使用人纳税。

4.产权未确定及租典纠纷未解决的，由房产代管人或者使用人纳税。

5.纳税单位和个人无租使用房产管理部门、免税单位及纳税单位的房产，应为使用人代为缴纳房产税。

节 税 锦 言

我国房产税的征收范围限于城镇的经营性房屋，不涉及农村。农村的房屋大部分是农民居住用房，若将其纳入征收范围，会加重农民的负担。另外，对某些拥有房屋，但自身没有纳税能力的单位，如国家拨付行政经费、事业经费和国防经费的单位自用的房产，税法也通过免税的方式将这类房屋排除在征税范围之外。

由于房地产开发企业开发的商品房在出售前，对房地产开发企业而言是一种产品，因此，对房地产开发企业建造的商品房，在售出前，不征收房产税；但对售出前房地产开发企业已使用或出租、出借的商品房应按规定征收房产税。

二、房产税的征收范围和优惠政策

（一）征税范围

房产税的征税范围为坐落于城市、县城、建制镇和工矿区的房屋。

1.城市是指经国务院批准设立的市。

2.县城是指县人民政府所在地。

3.建制镇是指经省、自治区、直辖市人民政府批准设立的建制镇。

4.工矿区是指工商业比较发达，人口比较集中，符合国务院规定的建制镇标准，但尚未设立建制镇的大中型工矿企业所在地。开征房产税的工矿区须经省、自治区、直辖市人民政府批准。

节 税 锦 言

现行房产税的征税范围尚未扩展到农村。但是，由于近年来农村工业和副业有较大发展，有些地区甚至与城镇相差无几，所以纳税人是有负担能力的。所以未来很有可能对这些房屋产权所有者征收房产税进行调节，否则是不利于企业之间的平等竞争的。

　　房产税征收期限可结合房屋情况咨询当地房管部门或税务部门。根据《中华人民共和国房产税暂行条例》第七条明确规定——房产税按年征收、分期缴纳。纳税期限由省、自治区、直辖市人民政府规定。所以，各城市的征税时间并不一致。

　　（二）房产税的减免优惠

　　1. 国家机关、人民团体、军队自用的房产免税。人民团体是指经国务院授权的政府部门批准设立或登记备案，并由国家拨付事业经费的各种社会团体。对这些单位自身的办公用房和公务用房免征房产税，但这些单位将房产用于出租或非本身业务用房，应按规定征收房产税。

　　2. 国家财政部门拨付事业经费的单位自用的房产免税。

　　3. 宗教寺庙、公园、名胜古迹自用的房产免税。

　　4. 个人拥有的非营业用房产免税。

　　5. 对行使国家行政管理职能的中国人民银行总行（含国家外汇管理局）所属分支机构自用的房产，免征房产税。

　　6. 对个人按市场价格出租的居民住房，用于居住的，可暂减按4%的税率征收房产税。

　　7. 经财政部批准免税的其他房产。

　　8. 老年服务机构自用的房产免税。

　　9. 损坏不堪使用的房屋和危险房屋，经有关部门鉴定，在停止使用后，可免征房产税。

　　10. 纳税人因房屋大修导致连续停用半年以上的，在房屋大修期间免征房产税，免征税额由纳税人在申报缴纳房产税时自行计算扣除，并在申报表附表或备注栏中做相应说明。

　　11. 在基建工地为基建工地服务的各种工棚、材料棚、休息棚和办公室、食堂、茶炉房、汽车房等临时性房屋，在施工期间，一律免征房产税。但工程结束后，施工企业将这种临时性房屋交还或估价转让给基建单位的，应从基建单位减收的次月起，照章纳税。

　　12. 为鼓励地下人防设施，暂不征收房产税。

　　13. 对房管部门经租的居民住房，在房租调整改革之前收取租金偏低的，可暂缓征收房产税。对房管部门经租的其他非营业用房，是否给予照顾，由各省、自治区、直辖市根据当地具体情况按税收管理体制的规定办理。

14. 对高校后勤实体免征房产税。

15. 对非营利性的医疗机构、疾病控制机构和妇幼保健机构等卫生机构自用的房产，免征房产税。

16. 从 2001 年 1 月 1 日起，对按照政府规定价格出租的公有住房和廉租住房，包括企业和自收自支的事业单位向职工出租的单位自有住房，房管部门向居民出租的私有住房等，暂免征收房产税。

17. 对邮政部门坐落在城市、县城、建制镇、工矿区范围内的房产，应当依法征收房产税；对坐落在城市、县城、建制镇、工矿区范围以外的在县邮政局内核算的房产，在单位财务账中划分清楚的，从 2001 年 1 月 1 日起不再征收房产税。

18. 向居民供热并向居民收取采暖费的供热企业的生产用房，暂免征收房产税。这里的"供热企业"不包括从事热力生产但不直接向居民供热的企业。

19. 自 2006 年 1 月 1 日起至 2008 年 12 月 31 日，对为高校学生提供住宿服务并按高教系统收费标准收取租金的学生公寓，免征房产税。对从原高校后勤管理部门剥离出来而成立的进行独立并有法人资格的高校后勤经济实体自用的房产，免征房产税。

三、房产税的计税依据

（一）计税依据

房产税的计税依据是房产的计税价值或房产的租金收入。按照房产计税价值征税的，称为从价计征，按照房产租金收入计征的称为从租计征。

1. 从价计征

从价计征是指以房产原值一次减除 10% ～ 30% 后的余值为计税依据。具体减除幅度由省、自治区、直辖市人民政府确定。房产原值是指纳税人按照会计制度规定，在"固定资产"账户中记载的房屋造价、购买价（或原价）。房产余值是指房产的原价减除一定比例后剩余价值。

2. 从租计征

从租计征是指以房屋出租取得的租金收入为计税依据。租金收入是房屋产权所有人暂时出让一定期间房产使用权所得到的报酬，包括货币收入和实物收入以及其他维修权益。

> ## 节 税 锦 言
>
> 　　房产出租的，以房产租金收入为房产税的计税依据。对投资联营的房产，在计征房产税时应予以区别对待。共担风险的，按房产余值作为计税依据，计征房产税；对收取固定收入，应由出租方按租金收入计缴房产税。
>
> 　　对融资租赁房屋的情况，在计征房产税时应以房产余值计算征收，租赁期内房产税的纳税人，由当地税务机关根据实际情况确定。
>
> 　　新建房屋交付使用时，如中央空调设备已计算在房产原值之中，则房产原值应包括中央空调设备；旧房安装空调设备，一般都作单项固定资产入账，不应计入房产原值。

（二）税率

有关税法规定，以房产原值一次减除 10% ~ 30% 后的余值计征的，税率为 1.2%；以房产租金收入计征的，税率为 12%。

房产税应纳税额的计算分为 2 种情况。

1. 以房产原值为计税依据的

应纳税额 = 房产余值 × 税率（1.2%）

2. 以房产租金收入为计税依据的

应纳税额 = 房产租金收入 × 税率（12%）

第二节　房产税的节税设计

一、利用房产税的征税范围进行节税设计

房产税是以房产为征税对象，以房产的余值或房产的租金收入为计税依据，向房产所有人或经营人征收的一种税。

税法规定，房产税的征税对象是房屋。《财政部、国家税务总局关于房产税和车船使用税几个业务问题的解释与规定》（财税地〔1987〕3号）对征税的房产范围进行了明确："房产"是以房屋形态表现的财产。房屋是指有屋

面和围护结构（有墙或两边有柱），能够遮风避雨，可供人们在其中生产、工作、学习、娱乐、居住或储藏物资的场所；独立于房屋之外的建筑物，如围墙、烟囱、水塔、变电塔、油池油柜、酒窖菜窖、酒精池、糖蜜池、室外游泳池、玻璃暖房、砖瓦石灰窑以及各种油气罐等，不属于房产。

企业自用房产依照房产原值一次减除10%～30%后的余值按1.2%的税率计算缴纳房产税。房产原值是指纳税人按照会计制度规定，在账簿"固定资产"科目中记载的房屋原价。因此，对于自用房产应纳房产税的筹划应当紧密围绕房产原值的会计核算进行，只要在会计核算中尽量把未纳入房产税征税范围的围墙、烟囱、水塔、变电塔、室外游泳池、地窖、池、窑、罐等建筑单独记账，就可把那些本不用缴纳的房产税节省下来。

【例6-1】甲公司准备兴建工业园，工业园区计划除建造厂房、办公用房外，还包括厂区围墙、烟囱、水塔、变电塔、停车场、游泳池等建筑物，预计工程造价20 000万元人民币。其中，厂房、办公用房工程造价为12 500万元，其他建筑设施造价为7 500万元。如果将这20 000万元都作为房产原值的话，公司从工业园建成后的次月起就应缴纳房产税，每年需缴纳房产税（该省扣除比例为30%）＝20 000×（1-30%）×1.2%＝168万元。如果公司经过筹划，把除厂房、办公用房外的建筑设施，如停车场、游泳池等设施都建成露天的，并且把这些独立建筑物的造价同厂房、办公用房的造价分开，单独核算，则这部分建筑物的造价不计入房产原值，不用缴纳房产税。这样，公司每年可以少缴纳63万元的房产税。

根据《中华人民共和国房产税暂行条例》，房产税在城市、县城、建制镇和工矿区征收；可以看出，农村不属于征收范围，企业在组建选址时考虑到这一点，就会给企业带来巨大的收益。一些对地段依赖性不是很强的纳税人可依此进行纳税筹划。如对于一些农副产品企业，生产经营往往需要一定数量的仓储库，如将这些仓储库落户在县城内，无论是否使用，每年都需按规定计算缴纳一大笔房产税和土地使用税，而将仓储库建在城郊附近的农村，虽然地处偏僻，但交通便利，对公司的经营影响不大，这样每年就可节省这笔费用。

区别房屋的经营使用方式规定征税办法，对于自用的按房产计税余值征收，对于出租、出典的房屋按租金收入征税。（补充：一般来说，房屋的设计费，楼梯、地下水井只要计入房产原值的都应缴纳房产税，而室内安装的窗帘一般不计入房产原值。）

节 税 锦 言

注意事项：《财政部、国家税务总局关于具备房屋功能的地下建筑征收房产税的通知》（财税〔2005〕181号）就具备房屋功能的地下建筑的房产税政策做了明确，即原来暂不征税的具备房产功能的地下建筑，从2006年1月1日开始列入房产税征税范围。同时明确：凡在房产税征收范围内的具备房屋功能的地下建筑，包括与地上房屋相连的地下建筑以及完全建在地面以下的建筑、地下人防设施等，均应当依照有关规定征收房产税。新规定并没有将所有的地下建筑都纳入征税范围，需要征税的建筑必须符合房产的特征概念。财税〔2005〕181号文件对此作了界定：具备房屋功能的地下建筑是指有屋面和维护结构，能够遮风避雨，可供人们在其中生产、经营、工作、学习、娱乐、居住或储藏物资的场所。与此不符的其他地下建筑，如地窖、池、窑、罐等，仍未纳入房产税征税范围。

二、通过转换自用地下建筑用途进行节税设计

按照《中华人民共和国房产税暂行条例》的规定，房产税依照房产原值一次减除10%～30%后的余值计算缴纳。房产税依照房产余值计算缴纳的，税率为1.2%；而"应税房产原值"的具体内容为：

工业用途房产，以房屋原价的50%～60%作为应税房产原值，

应纳房产税的税额 = 应税房产原值 × [1−（10%～30%）] × 1.2%

商业和其他用途房产，以房屋原价的70%～80%作为应税房产原值，

应纳房产税的税额 = 应税房产原值 × [1−（10%～30%）] × 1.2%

确定计税房产原值后，地下建筑的房产税计算方法与原计算方法一致。由于自用房产用途不同计税方式有异，实务中可以通过转换地下建筑用途进行相应筹划。

三、通过租赁和仓储计税方法差异进行节税设计

由于房产税有两种计税方法——按房产余值或租金收入计算，不同方法计算的结果必然有差异，也会导致应纳税额的不同，这就有了节税筹划的空间。企业可以根据实际情况选择计征方式，通过比较两种方式税负的大小，选择税负低的计征方式，以达到节税的目的。

对于房产拥有者，是租赁还是仓储，具体可通过下列公式确定：假设某企业的房产原值为 Y，收取年租金 Z，所在地规定"从价计征"房产税时的减除比例为 A（A 代表 10% ~ 30% 中任何数字），那么从价计征应缴房产税 $Y \times (1-A) \times 1.2\%$，从租计征则应缴房产税 $Z \times 12\%$。当 $Z \times 12\% > Y \times (1-A) \times 1.2\%$，亦即 $Y \div Z < 10 \div (1-A)$ 时，选择从价计征合算；反之，选择从租计征合算；如果 $Y \div Z = 10 \div (1-A)$ 时，则租赁或仓储在房产税筹划上没有多大意义，纳税人仅就其他相关因素考虑即可。

【例6-2】甲公司为一内资企业，分别在 A 省和 B 省拥有一处闲置库房，原值均为 4 000 万元，净值同是 3 200 万元。现有乙公司拟承租甲公司在 A 省闲置库房，丙公司拟承租甲公司在 B 省闲置库房，初步商定年租金均为 320 万元。其中 A 省规定从价计征房产税的减除比例为 30%，B 省规定的减除比例为 10%。经测算，甲公司决定与乙公司签订仓储合同，而与丙公司签订财产租赁合同。理由如下所述。

第一种情况，如果甲与乙公司签订财产租赁合同（假设不考虑其他税收问题），缴纳的房产税＝320×12%＝38.4（万元）。如果甲公司与乙公司协商，将房屋的租赁行为改为仓储业务，即由甲公司代为保管乙公司原准备承租房屋后拟存放的物品，从而将原来的租金收入转化为仓储收入。在此方案下，

房产税可以从价计征，应缴纳的房产税 =4 000×（1-30%）×1.2%=33.6（万元）。通过比较不难发现，仓储形式比租赁形式减轻房产税税负 4.8 万元。所以，甲应与乙公司签订仓储合同。

第二种情况，如果甲与丙公司签订财产租赁合同（假设不考虑其他税收问题），缴纳的房产税 =320×12%=38.4（万元）。如果甲公司与丙公司签订的是仓储保管合同，在此方案下，房产税从价计征时的减除比例为 10%，应缴纳的房产税 =4 000×（1-10%）×1.2%=43.2（万元）。两者相比较，采用仓储方式将增加房产税税负 4.8 万元。所以应与丙公司签订租赁合同。

从上面分析可知：（1）如果甲公司两处房产所在省份规定的减除比例均为 20%，则采用仓储方式应缴纳的房产税 =4 000×（1-20%）×1.2% =38.4（万元），采用租赁方式应缴纳的房产税 =320×12%=38.4（万元），此时便不存在房产税节税问题；（2）如果企业所拥有房产所在省份规定的减除比例低于 20%，则仓储方式应缴纳的房产税高于对外租赁，宜实行租赁形式；（3）如果企业所拥有房产所在省份规定的减除比例高于 20%，则仓储方式应缴纳的房产税低于对外租赁应缴纳的房产税，宜采用仓储方式。

【例6-3】甲企业现有 5 栋闲置库房，房产原值为 4 000 万元。企业将闲置库房出租收取租赁费，年租金收入为 400 万元；企业应纳房产税为 48 万元；应纳营业税为 20 万元；应纳城建税及教育费附加为 2 万元。总共支出 70 万元。

要降低高额的房产税，必须把单纯的房屋租赁改变为仓储保管服务，也就是改变收入的性质，把租赁收入变为仓储服务收入。

房屋租赁要按租金收入的 12% 缴纳房产税，仓储保管则是按房产余值的 1.2% 缴纳房产税。依据该企业现在的房产价值（扣除比例为 30%）和租金收入来看，按房产余值计算缴纳的房产税肯定低于按租金收入计算缴纳的房产税。为此，对甲企业的纳税做了如下筹划：企业配备保管人员将库房改为仓库，为客户提供仓储服务，收取仓储费，年仓储收入为 400 万元，但需每年支付给保管人员 4 万元。当地房产原值的扣除比例为 30%。采用仓储筹划，应纳房产税为 4 000×（1-30%）×1.2% = 33.6 万元；应纳营业税为 400×5% = 20 万元；应纳城建税及教育费附加为 20×（7% + 3%）= 2 万元；应支付给保管人员 4 万元。共支出 59.6 万元。

由此可见，筹划后比筹划前房产税少支出 48-33.6 = 14.4 万元，房产税税负降低了 14.4÷48 = 30%。

尽管出租变为仓储后，要相应增加人员和设施费用，但相对于节约的房产税税金来说，企业负担还是有所降低。

节 税 锦 言

租赁与仓储是两个完全不同的概念，到底签订何种合同，最终取决于合同双方出于各自利益考虑的结果。对于甲公司来说，租赁只要提供空库房就可以了，存放商品的安全问题由乙企业自行负责；而仓储则需对存放商品的安全性负责，为此甲公司必须配有专门的仓储管理人员，添置有关的设备设施，从而会相应增加人员工资和经费开支。如果存放物品发生失窃、霉烂，甲企业还存在赔偿对方损失的风险。假如扣除这些开支后，甲公司仍可取得较可观的收益，则采用仓储方式无疑是一个节税良策。

四、降低租金收入的纳税节税设计

房产出租的，房产税采用从租计征方式，以租金收入作为计税依据，按 12% 税率计征。对于出租方的代收项目收入，应当与实际租金收入分开核算，分开签订合同，从而降低从租计征的计税依据。

按照税法规定，企业房屋租赁属于从租计征，按租金收入的 12% 缴纳房产税。但往往企业出租的不仅仅是房屋设施自身，还有房屋内部或外部的一些附属设施，比如机器设备、办公家具等，税法对这些设施并不征收房产税。而企业往往在签订租赁合同时，将附属设施和房产一起计算租金，这无形中将设施也缴了房产税，增加了企业的税负。这就要求我们在会计核算时，将房屋与非房屋建筑以及各种各样的附属设施、配套设施进行合理、恰当的划分，单独列示，分别核算。

有些企业与下属子公司等关联企业的办公地点在一起，如果企业所属地段较偏僻且有闲置的房产，可以将其出租给关联企业，再由关联企业向外出租。由于产权所有人不是这些关联企业，而只是房产转租人，根据税法规定，转租不需缴纳房产税。因此，通过由直接出租改为转租的房屋出租方式，可以减少企业的整体税负。

　　税法规定了作为地方税种的房产税的一些政策性减免优惠，如对于危险房屋和损坏不堪使用的房屋，经有关部门鉴定，在停止使用后，可以免征。对于企业正在大修理的房屋，并停用在半年以上的，在大修期间，免征房产税；此外，纳税人在纳税上有困难，可定期向有关税务机关申请，对应征税额予以减征或免征等。企业纳税人应充分利用和掌握这些优惠政策，向税务机关及时提出书面减免税申请，同时提供有关的证明减免房产税，争取最大限度地获得税收优惠。

　　【例6-4】A公司拥有一写字楼，配套设施齐全，对外出租：当年的全年租金共为1 500万元，其中含代收的物业管理费150万元，水电费为250万元。请对其进行税收筹划。

　　方案一：A公司与承租方签订租赁合同，合同中的租金共为1 500万元。

　　应纳房产税 = 1 500 × 12% = 180（万元）

　　方案二：将各项收入分别由各相关方签订合同，如物业管理费由承租方与物业公司签订合同，水电费按照承租人实际耗用的数量和规定的价格标准结算、代收代缴。

　　应纳房产税 =（1 500−150−250）× 12% = 132（万元）

　　由此可见，方案二比方案一A公司少缴纳房产税48万元，因此，应当选择方案二。

节 税 锦 言

　　物业管理费由承租方与物业公司签订合同，水电费按照承租人实际耗用的数量和规定的价格标准结算、代收代缴，可降低从租计征的计税依据，进而降低房产税税负。

五、从计征方式进行节税设计

　　随着我国经济的发展，房屋的租金普遍偏高，以前年度修建的房屋，其账面原值较低，这就造成了两种计征方法下税负不一致的情况，因为"自用"房屋比"出租"房屋的税负要轻。因此，如果转变租赁方式，将"从租计征"变为"从价计征"，就会减少缴税费额。

　　按照税法规定，对于房产出租的，应以房产租金收入来计算缴纳房产税。

因此，如何正确核算租金收入，是对出租房屋税收筹划的关键之处。

（一）将出租变为承包

根据税法规定，如果承租者或承包者未领取任何类型的营业执照，那么，企业向其提供各种资产收取的各种名义的价款，都不属于租赁行为，仅属于企业内部分配行为。因此，如果企业以自己的名义领取税务登记证和营业执照，将房屋承租人聘为经营者，将出租房屋变为商场或自办工厂，然后再承包出去，收取承包收入，这样就可以避免较高的房产税，因为原有的房产可以按从价计征了。

（二）将出租变为投资

按照相关规定，企业对外出租房屋时，房产税要按租金收入的多少进行缴纳，如果将房屋对外投资入股，参与被投资方的利润分配，共同承担风险，被投资方只需按房屋余值的 1.2% 缴纳，而投资方也不必按 12% 的高税率缴纳房产税，这样，房产税就要少得多。

（三）转变房产及附属设施的修理方式

按照税法规定，对于房屋修理后固定资产的使用年限延长 2 年以上，或修理支出达到取得固定资产时计税基础 50% 以上，应增加固定资产的计税基础。因此，在房产修理时，将房产的资本性大修理支出，分解成多次收益性小修理支出，使每次修理费低于限额。这样一来，就可以不用增加房产的计税基础，而直接从损益中扣除每次修理费，从而使房产税税负相应减少。

六、降低房产原值的节税设计

房产原值是指纳税人按有关会计制度的规定，对依照房产原值计税的房产，不论是否记载在会计账簿固定资产科目中，均应按照房屋原价计算缴纳房产税。

房产税的计税依据是房产的余值或房产的租金收入。按照房产的余值征税的，称为从价计征；按照房产的租金收入征税的，称为从租计征。纳税人自用的房产，以房产余值为计税依据。房产余值按照房产原值一次减除 10%~30% 后的余值计算缴纳。具体减除幅度由省、自治区、直辖市人民政府规定。

如果将除厂房、办公用房以外的建筑物，如停车场、游泳池等都建成露天的，并且把这些独立建筑物的造价同厂房、办公用房的造价分开，在会计账簿中单独核算，则这部分建筑物的造价不计入房产原值，不缴纳房产税。

　　由于税法对房产的界定非常明确，同时规定地价应包括在房产原值中计征房产税，因此，按照房产原值从价计征房产税的经营用房，其纳税筹划空间较小，企业在纳税筹划中应注意把企业的一些露天建筑，如室外游泳池、停车场等与企业房产分开核算，避免出现将这部分建筑物的价值计入房产原值，缴纳房产税的情况。

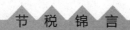

节　税　锦　言

　　将停车场、游泳池等都建成露天的，并且把这些独立建筑物的造价同厂房、办公用房的造价分开，可以降低房产税的计税依据，从而降低房产税税负，但将停车场、游泳池等建成露天的，有时未必适合企业的需要。企业应该根据自身的需要进行合理的选择筹划方式。

第七章　开源节流效益高——服务企业城建税的节税优化设计

第一节　城市维护建设税的概述

一、了解城市维护建设税

（一）城市维护建设税的概念

城市维护建设税是国家为了加强城市的维护和建设，扩大和稳定城市维护建设的资金来源，而要求有经营收入的单位和个人缴纳的一种行为税，属于地方税种。

凡在中华人民共和国境内缴纳产品税、增值税、消费税的单位和个人，都是城市维护建设税的纳税义务人。个体商贩及个人在集市上出售商品，对其征收临时经营的增值税，是否同时按其实缴税额征收城市维护建设税，由各省、自治区、直辖市人民政府根据实际情况决定。

城市维护建设税具有税款专款专用的特点，即专门用于城市的公用事业和公共设施的维护建设；它不是一个独立的税种，而是一种税收附加。城市维护建设税根据城镇规模设计税率，征收范围较广。

（二）城市维护建设税的纳税义务人

按照现行税法的规定，城市维护建设税的纳税人是在征税范围内从事工商经营，缴纳"二税"（即增值税、消费税）的单位和个人。任何单位或个人，只要缴纳其中的一种，就必须同时缴纳城市维护建设税。施工企业从事建筑、安装、修缮、装饰等业务，是增值税的纳税人，而施工企业从事工业生产，其所属预制构件厂、车间将预制构件用于企业所承包的工程等，按规定应当缴纳增值税，为增值税的纳税人。自然，施工企业也是城市维护建设税的纳税人。

自 2010 年 12 月 1 日起，对外商投资企业、外国企业及外籍个人征收城市维护建设税。

城市维护建设税的征税范围包括城市、县城、建制镇以及税法规定征税的其他地区。城市、县城、建制镇的范围应根据行政区划作为划分标准，不得随意扩大或缩小各行政区域的管辖范围。

二、城市维护建设税的纳税依据

城市维护建设税，以纳税义务人实际缴纳的产品税、增值税税额为计税依据，分别与产品税、增值税同时缴纳。对增值税、消费税加收的滞纳金和罚款不作为城市维护建设税的计税依据。金融保险企业以其实际的营业收入作为计税依据。海关对进口产品代征的增值税和消费税不征收城市维护建设税。

（一）适用税率

根据《中华人民共和国城市维护建设税暂行条例》及其《实施细则》有关规定，城建税是根据城市维护建设资金的不同层次的需要而设计的，实行分区域的差别比例税率，即按纳税人所在城市、县城或镇等不同的行政区域分别规定不同的比例税率。其具体规定如下所述。

1. 纳税人所在地在市区的，税率为 7%。这里称的"市"是指国务院批准市建制的城市，"市区"是指省人民政府批准的市辖区（含市郊）的区域范围。

2. 纳税人所在地在县城、镇的税率为 5%。这里所称的"县城、镇"是指省人民政府批准的县城、县属镇（区级镇），县城、县属镇的范围按县人民政府批准的城镇区域范围。

3. 纳税人所在地不在市区、县城、县属镇的，税率为 1%。

4. 纳税义务人在外地发生缴纳增值税、消费税的，按纳税发生地的适用税率计征城市维护建设税。

5. 金融保险企业的适用税率为 5%。

城市维护建设税应纳税额的计算公式：

应纳税额 =（实际缴纳增值税 + 消费税）× 适用税率

（二）计税依据

城市维护建设税的计税依据是纳税人实际缴纳的增值税和消费税税额。

1. 纳税人因违反增值税和消费税有关规定而加收的滞纳金和罚款，不作为城市维护建设税的计税依据。

2. 纳税人在被查补增值税和消费税和被处以罚款时，应同时对其城市维护建设税进行补税、征收滞纳金和罚款。

3. 增值税和消费税要免征或减征，城市维护建设税同时减免。

（三）城建税的优惠政策

通常情况下，城市维护建设税税收优惠如下所述。

1. 海关对进口产品代征的增值税、消费税，不征收城市维护建设税。

2. 对中外合资企业和外资企业，不征收城市维护建设税。

3. 铁道部应缴纳的城市维护建设税，以铁道部实际集中缴纳的税额为计税依据，税率为 5%。

4. 对由于减免增值税、消费税而发生的退税，同时退还已纳的城市维护建设税。对出口产品退还增值税、消费税时，不退还已纳的城市维护建设税。

5. 城市维护建设税是以增值税、消费税实际缴纳的税额作为计税依据并同时征收的，因此，增值税、消费税减税或免税的同时，城市维护建设税也相应减税或免税，但一般不予以单独减免。对个别纳税人确有困难的，可由省、市、自治区人民政府酌情给予减免税照顾。

第二节　城市维护建设税的节税设计

一、从纳税地点进行节税设计

城建税以纳税人实际缴纳的增值税、消费税税额为计税依据，同时缴纳。所以，纳税人缴纳增值税和消费税的地点，就是该纳税人缴纳城建税的地点。但是，属于下列情况的除外。

1. 代征代扣增值税和消费税的单位和个人，其城建税的纳税地点在代征代扣地。

2. 对流动经营等无固定纳税地点的单位和个人，应随同增值税和消费税在经营地按适用税率缴纳。

3. 对管道局输油部分的收入，由取得收入的各管道局于所在地缴纳营业税。所以，其应纳城建税，也应由取得收入的各管道局于所在地缴纳营业税时一并缴纳。

4. 跨省开采的油田，下属生产单位与核算单位不在一个省内的，其生产的原油，在油井所在地缴纳增值税，其应纳税款由核算单位按照各油井的产量和规定税率，计算汇拨各油井缴纳。所以，各油井应纳的城建税，应由核算单位计算，随同增值税一并汇拨油井所在地，由油井在缴纳增值税的同时，一并缴纳城建税。

纳税人所在地在市区的，城建税税率为7%；在县城、镇的，税率为5%；不在市区县城或镇的税率为1%。

由于不同的地区，规定了不同的城建税税率，因此企业可以根据自身的情况，在不影响经济效益的前提下，选择城建税适用税率低的区域设立企业，这样不仅可以少缴城建税，还能降低房产税与城镇土地使用税的税负。

【例7-1】A企业在设立选址时有两个地方可以选择：一是设在市区，二是设在县城。假设无论选择哪种方案，都不会影响其经济效益，且当期流转税合计为200万元。请对其进行纳税筹划。

方案一：设在市区。

应纳城建税 =200×7% =14（万元）

方案二：设在县城。

应纳城建税 =200×5% =10（万元）

方案二比方案一少缴城建税4万元。因此，A公司应当选择方案二。

将企业设在县城，在有些情况下，有可能影响企业的生产经营业绩。所以，有时企业不能只是单纯地考虑城建税税负因素来对企业进行选址。

二、选择委托加工方式进行节税设计

纳税人在进行委托时，可以选择城建税税率比自己低的地区的受托单位来进行委托。对由受托方代征代扣"三税"的单位和个人，由受托方按其所在地适用的税率代收代缴城市维护建设税。

> 【例7-2】甲公司2016年拟委托加工一批化妆品，由受托加工单位代收代缴消费税250万元。现有两个受托单位可以选择：一是设在市区的乙公司，二是设在县城的丙公司。请对其进行纳税筹划。
>
> 方案一：选择设在市区的乙公司作为受托方。
>
> 应纳城建税 =250×7% =17.5（万元）
>
> 方案二：选择设在县城的丙公司作为受托方。
>
> 应纳城建税 =250×5% =12.5（万元）
>
> 方案二比方案一少缴城建税5万元，因此，甲公司应当选择方案二。

节 税 锦 言

企业不能只考虑受托方的地址，还应考虑受托方的信誉、加工质量等各种因素。

三、降低计税依据进行节税设计

城市维护建设税的计税依据是纳税人实际缴纳的增值税、消费税税额之和。企业可以通过合理合法的手段降低应纳增值税、消费税等税额，从而可以减少城建税的计税依据，进而可以降低企业税负。

> 【例7-3】甲企业为增值税一般纳税人，2016年该企业实际缴纳增值税50万元，当地适用的城建税税率为7%。请对其进行纳税筹划。
>
> 方案一：实际缴纳增值税50万元。
>
> 甲企业应纳城建税 =50×7% =3.5（万元）
>
> 方案二：通过合理的手段将实际缴纳增值税减少至40万元。
>
> 甲企业应纳城建税 =40×7% =2.8（万元）
>
> 方案二比方案一少缴城建税0.7万元，因此，甲公司应当选择方案二。

节 税 锦 言

　　做好增值税、消费税纳税筹划，自然会节省城建税税负，因此，做好增值税、消费税的纳税筹划十分重要。

第八章　方方面面挤利润——
服务企业其他税收的节税优化设计

第一节　土地使用税的节税设计

一、了解土地使用税

城镇土地使用税是以城镇国有土地为征税对象，对在我国境内拥有土地使用权的单位和个人，就其土地使用面积按税法规定征收的一种税。城镇土地使用税是以开征范围的土地为征税对象，以实际占用的土地面积为计税标准。按规定税额对拥有土地使用权的单位和个人征收的一种行为税。

（一）土地使用税的纳税人

在城市、县城、建制镇、工矿区范围内使用土地的单位和个人，为城镇土地使用税的纳税人。税法根据用地者的不同情况，对纳税人做了如下具体规定。

1. 城镇土地使用税由拥有土地使用权的单位或个人缴纳。

2. 拥有土地使用权的单位或个人，不在土地所在地的，由代管人或实际使用人缴纳。

3. 土地使用权属尚未确定，或权属纠纷未解决的，由实际使用人缴纳。

4. 土地使用权共有的，由共有各方分别缴纳。

5. 在征税范围内实际使用应税集体所有建设用地但未办理土地使用权流转手续的，由实际使用人缴纳。

6. 对纳税单位无偿使用免税单位的土地，纳税单位应照章缴纳土地使用税。

7. 土地使用者不论以何种方式取得土地使用权，是否缴纳土地使用金，只要在城镇土地使用税的开征范围内，都应依照规定缴纳城镇土地使用税。

（二）土地使用税的征税范围

城镇土地使用税的征收范围为城市、县城、建制镇、工矿区。凡在上述范围内的土地，不论是属于国家所有还是集体所有，都是城镇土地使用税的征税对象。对农林牧渔业用地和农民居住用土地，不征收土地使用税。

节　税　锦　言

需要注意的是：城市是指经国务院批准设立的市，其征税范围包括市区和郊区。县城是指县人民政府所在地，其征税范围为县人民政府所在地的城镇。建制镇是指经省、自治区、直辖市人民政府批准设立的，符合国务院规定的镇建制标准的镇，其征税范围为镇人民政府所在地。工矿区是指工商业比较发达，人口比较集中的大中型工矿企业所在地，工矿区的设立必须经省、自治区、直辖市人民政府批准。城市、县城、建制镇、工矿区的具体征税范围，由各省、自治区、直辖市人民政府划定。

（三）城镇土地使用税的计税依据

城镇土地使用税以纳税人实际占用的土地面积为计税依据，按照规定税额计算征收。

1.纳税人实际占用的土地面积，是指由省、自治区、直辖市人民政府确定的单位组织测定的土地面积。尚未组织测量，但纳税人持有政府部门核发的土地使用证书的，以证书确认的土地面积为准；尚未核发土地使用证书的，应由纳税人据实申报土地面积，待土地面积正式测定后，再按测定的面积进行调整。

2.土地使用权共有的各方，应按其实际使用的土地面积占总面积的比例，分别计算缴纳城镇土地使用税。

3.纳税单位和免税单位共同使用共有使有权土地上的多层建筑，对纳税单位可按其占用的建筑面积占建筑总面积的比例计算征收城镇土地使用税。

4.对在城镇土地使用税征税范围内单独建造的地下建筑用地，按规定征收城镇土地使用税。其中，已取得地下土地使用权证的，按土地使用权证确认的土地面积计算应征税款；未取得地下土地使用权证或地下土地使用权证上未标明土地面积的，按地下建筑垂直投影面积计算应征税款。对上述地下建筑用地暂按应征税款的50%征收城镇土地使用税。

（四）应纳税额的计算

城镇土地使用税的应纳税额依据纳税人实际占用的土地面积和适用单位

税额计算。计算公式如下：

应纳税额＝计税土地面积（平方米）× 适用税额

（五）城镇土地使用税的征收管理

城镇土地使用税的纳税地点为土地所在地，由土地所在地地税机关负责征收。纳税人使用的土地不属于同一省（自治区、直辖市）管辖范围的，应由纳税人分别向土地所在地的地税机关缴纳土地使用税。在同一省（自治区、直辖市）管辖范围内，纳税人跨地区使用的土地，如何确定纳税地点，由各省、自治区、直辖市地方税务局确定。城镇土地使用税按年计算、分期缴纳。缴纳期限由省、自治区、直辖市人民政府确定。

二、土地使用税的节税设计

城镇土地使用税（以下简称"土地使用税"），是对在城市、县城、建制镇和工矿区内使用土地的单位和个人，以其实际占用的土地面积为计税依据，按照规定的定额税率计算征收的一个税种。对于经营者来说，土地使用税虽然不与经营收入的增减变化相挂钩，但作为一种费用必然是经营纯收益的一个减项。纵观现行土地使用税的法律、行政法规，可以从以下5个方面进行筹划。

（一）从纳税人身份的界定上考虑节税

1. 在投资兴办企业的属性上进行选择，即指是开办外资企业还是内资企业。财税字〔1988〕260号明确规定："外资企业、机构在华用地不征收土地使用税。"

2. 在经营范围或投资对象上考虑节税。根据《中华人民共和国城镇土地使用税暂行条例》规定，下列经营用地可以享受减免税的规定：（1）市政街道、广场、绿化地带等公共用地；（2）直接用于农、林、牧、渔业的生产用地（不包括农副产品加工场地和生活、办公用地）；（3）能源、交通、水利设施用地和其他用地；（4）民政部门举办的安置残疾人占一定比例的福利工厂用地；（5）集体和个人办的各类学校、医院、托儿所、幼儿园用地；（6）高校后勤实体。

3. 当经营者租用厂房、公用土地或公用楼层时，在签订合同中要有所考虑。根据国税地字〔1988〕15号中"土地使用权未确定或权属纠纷未解决的，由实际使用人纳税"，以及"土地使用权共有的，由共有各方分别纳税"之规定，经营者在签订合同时，应该把是否成为土地的法定纳税人这一因素考虑进去。

（二）从经营用地的所属区域进行节税设计

税法规定城镇土地使用税征收范围是城市、县城、建制镇、工矿区，因此企业可将注册地选择在城郊接合部的农村，这样既少缴了税款，又不致因交通等问题影响企业的正常生产经营。

经营者占有并实际使用的土地，其所在区域直接关系到缴纳土地使用税数额的大小。因此，经营者可以结合投资项目的实际需要在征税区与非征税区之间选择，在经济发达与经济欠发达的省份之间选择，还可以在同一省份内的大中小城市以及县城和工矿区之间做出选择。

（三）从所拥有和占用的土地用途进行节税设计

纳税人实际占有并使用的土地用途不同，可享受不同的土地使用税政策。公司建造商品房用地原则上应按规定计征土地使用税，但在商品房出售之前纳税确有困难的，其用地是否准予缓征、减征、免征照顾，各省、自治区、直辖市税务局根据从严原则，结合具体情况确定。

对"厂区以外的公共绿化和向社会开放的公园用地，暂免征城镇土地使用税"之规定，企业可以把原绿化地只对内专用改成对外公用即可享受免税的照顾。对水利设施及其管护用地（如水库库区、大坝、堤防、灌渠、泵站等用地），免征土地使用税，对兼有发电的水利设施用地征免土地使用税问题，比照电力行业免征土地使用税的有关规定办理。企业可以考虑把这块土地的价值在账务核算上明确区分开来，以达到享受税收优惠的目的。

企业范围内的荒山、林地、湖泊等占地，尚未利用的，经各省、自治区、直辖市税务局审批，可暂免征收土地使用税。对企业厂区（包括生产、办公及生活区）以内的绿化用地，应照章征收土地使用税；厂区以外的公共绿化用地和向社会开放的公园用地，暂免征收土地用税；厂区以外的公共绿化用地和向社会开放的公园用地，暂免征收土地使用税。

根据对煤炭、矿山和建材行业的特殊用地可以享受减免土地使用税的规定，企业既可以考虑按政策规定明确划分出采石（矿）厂、排土厂、炸药库等不同用途的用地，也可以把享受免征土地使用税的特定用地在不同的土地等级上进行合理布局，使征税的土地税额最低。

（四）从纳税义务发生的时间上考虑节税

1. 发生涉及购置房屋的业务时考虑节税。涉及房屋购置业务时，土地使用税规定了如下纳税义务发生时间：纳税人购置新建商品房的，自房屋交付使用的次月起纳税；纳税人购置存量房，自办理房屋权属转移、变更登记手续，房地产权属登记机关签发房屋权属证书之次月起纳税。因此，对于购置方来说，应尽量缩短取得房屋所有权与实际经营运行之间的时间差。

2. 对于新办企业或需要扩大规模的老企业，在征用土地时，可以在是否征用耕地与非耕地之间进行筹划。因为政策规定，纳税人新征用耕地，自批准征用之日起满一年时开始缴纳土地使用税，而征用非耕地的，则需自批准征用的次月就应该纳税。

3. 选择经过改造才可以使用的土地。政策规定，经批准开山填海整治的土地和改造的废弃土地，从使用月份起免征土地使用税 5~10 年。

（五）从纳税地点上考虑节税

关于土地使用税的纳税地点，政策规定为"原则上在土地所在地缴纳"。但对于跨省份或虽在同一个省、自治区、直辖市但跨地区的纳税人的纳税地点上，也是有文章可做的。这里的节税途径的实质就是尽可能选择税额标准最低的地方纳税。这对于目前不断扩大规模的集团性公司显得尤为必要。

【例 8-1】甲房地产公司要在某市开发新的投资项目。已经通过竞拍买下土地 10000 平方米。打算由下属项目公司 A 负责进行筹建。

方案一：将下属公司 A 的注册地选择在市区，该市的土地使用税征收标准为 4 元／平方米。

方案二：将下属公司 A 甲的注册地选择在城郊接合部的农村。

对于方案一，公司要缴纳的土地使用税为 4 万元；而对于方案二，由于是在农村设立的项目，则免去了城镇土地使用税。

节 税 锦 言

同一城市、县城和工矿区之内的不同等级的土地的税收征收标准是不同的，同一省份内的大中小城市、县城和工矿区内的土地使用税税额同样有差别，经济发达与经济欠发达的省份之间土地的税收征收标准也是不一样的。因此，经营者可以结合投资项目的实际需要在以上几个方面进行选择。

第二节　教育费附加税的节税设计

一、了解教育费附加税

教育费附加是为加快发展地方教育事业，扩大地方教育经费的资金来源，依据纳税人实际缴纳的增值税、消费税税额而征收的一种专项附加费。除国务院另有规定外，凡缴纳增值税、消费税的单位和个人，均为教育费附加的缴费人。

教育费附加以各单位和个人实际缴纳的消费税、增值税的税额为计征依据，教育费附加率为 3%，分别与消费税、增值税同时缴纳。计算公式为：应缴纳的教育费附加＝实际缴纳的（增值税＋消费税税额）×3%。

缴费人应在申报缴纳增值税、消费税的同时申报缴纳教育费附加。教育费附加缴费义务发生时间和缴纳期限与增值税和消费税是完全一致的。

对进口产品征收的增值税、消费税不征收教育费附加；对增值税、消费税实行先征后返、先征后退、即征即退办法的，除另有规定外，对附征的教育费附加，一律不予退（返）还；经国家税务局正式审核批准的当期免抵的增值税税额应纳入教育费附加的计征范围，按规定的费率征收教育费附加；中外合资企业、中外合作企业、外商独资企业和外国企业暂不征收教育费附加。

二、教育费附加的节税设计

教育费附加的节税主要从其减免税的规定着手，主要有以下 5 个方面。

一是教育费附加按实际缴纳的增值税和消费税税额计征，增值税和消费税减免，教育费附加也随之减免。

二是海关对进口产品代征的增值税、消费税，不征收教育费附加。

三是对由于减免增值税、消费税而发生退税的，可以同时退还已征收的教育费附加。但对出口产品退还增值税、消费税的，不退还已征收的教育费附加。

四是对出口产品退还增值税、消费税的，不退还已缴纳的城市维护建设税；生产企业出口货物实行免、抵、退税办法后，经国家税务局正式审核批准的当期免抵的增值税税额应纳入城市维护建设税和教育费附加的计征范围，分别按规定的税（费）率征收城市维护建设税和教育费附加。

五是城市维护建设税减免税规定的几种情况，教育费附加同样适用，此处不再赘述。

第三节　土地增值税的节税设计

一、了解土地增值税

土地增值税是对有偿转让国有土地使用权、地上建筑物和其他附着物并取得增值性收入的单位和个人所征收的一种税。土地增值税以转让房地产所得取得的增值额为征税对象。对以继承、赠予等方式无偿转让的房地产不征税。

（一）土地增值税的征税方式

纳税人转让房地产所取得的收入减除扣除项目金额后的余额为增值额，依据增值额所适用的税率征税。计算增值额的扣除项目如下所述。

1. 取得土地使用权所支付的金额。

2. 开发土地的成本、费用。

3. 新建房及配套设施的成本、费用，或者旧房及建筑物的评估价格。

4. 与转让房地产有关的税金。

5. 财政部规定的其他扣除项目。

（二）土地增值税税率

土地价格增值额是指转让房地产取得的收入减除规定的房地产开发成本、费用等支出后的余额。土地增值税采用四级超率累进税率，最低为30%，最高为60%。例如，增值额未超过50%的部分，税率为30%；增值额超过200%的部分，税率为60%。具体内容见表8-1所示。

表 8-1　土地增值税四级超率累进税率表

级数	土地增值额	税率（%）	速算扣除系数（%）
1	增值额未超过扣除项目金额50%的部分	30	0
2	增值额超过扣除项目金额50%未超过100%的	40	5
3	增值额超过扣除项目金额100%未超过200%的	50	15
4	增值额超过扣除项目金额200%的部分	60	35

（三）土地增值税的计税依据

土地增值税的计税依据是纳税人转让房地产取得的增值额。转让房地产的增值额是纳税人转让房地产的收入减除税法规定的扣除项目金额后的余额。

纳税人转让房地产所取得的全部价款及相关经济利益，包括货币收入、实物收入和其他收入。扣除项目主要分为以下 6 类。

1. 取得土地使用权所支付的金额，即纳税人为取得土地使用权所支付的地价款和按国家统一规定缴纳的有关费用。

2. 开发土地和新建房及配套设施的成本。是指纳税人开发项目实际发生的成本。其主要包括：土地征用及拆迁补偿费、前期工程费、建筑安装工程费、基础设施费、公共配套设施费、开发间接费用等。

3. 开发土地和新建房及配套设施的费用，包括与开发项目有关的销售费用、管理费用和财务费用。

4. 旧房及建筑物的评估价格，是指由税务机关确认的评估机构评定的重置成本价乘以成新度折扣率后的价格，评估价格需经当地地税机关确认。

5. 与转让房地产有关的税金，是指转让房产时缴纳的营业税、城市维护建设税、印花税及教育费附加。需要说明的是，允许扣除的印花税，是指开发企业以外的纳税人在转让房地产时缴纳的印花税。个人转让二手房地产，其在购入环节缴纳的契税，包含在评估价格中，不得再行扣除。

6. 财政部规定的其他扣除项目，是指对从事开发的纳税人，可按土地使用权支付金额及开发项目实际发生成本金额之和，加计 20% 的扣除。

（四）应纳税额的计算

土地增值税以转让房地产的增值额为税基，依据超率累进税率，计算应纳税额。其计算公式如下所示。

应纳土地增值税税额＝增值额 × 适用税率

增值额＝转让房地产收入 − 允许扣除项目金额

二、土地增值税的节税设计

土地增值税筹划的总体思路是降低增值额进而降低增值率，以达到少缴甚至不缴土地增值税的目的。土地增值税的节税方法主要有以下几种。

（一）利用临界点节税设计

按照税法规定，纳税人建造普通标准住宅出售，增值额未超过扣除项目金额的20%时，免征土地增值税。从纳税筹划的角度考虑，企业可选择适当的开发方案，避免因增值率稍高于起征点而造成税负的增加。

由于土地增值税适用四级超率累进税率，当增值率超过50%、100%、200%时，就会适用更高的税率。企业可以利用土地增值税的临界点进行筹划，避免出现适用更高一级税率的情况。

【例8-2】假定甲企业建成一批商品房待售，除销售税金及附加外的全部允许扣除项目的金额为200万元，当其销售这批商品房的价格为X万元时，相应的销售税金及附加：

$5\% X \times (1 + 7\% + 3\%) = 5.5\% X$

式中：5%——营业税

7%——城市维护建设税

3%——教育费附加

这时，其全部允许扣除金额：

$200 + 5.5\% X$

根据有关起征点的规定，该企业享受起征点最高售价为：

$X = 1.2 \times (200 + 5.5\% X)$

解以上方程可知，此时的最高售价为256.96万元，允许扣除项目金额为$200 + 5.5\% \times 256.96 = 214.13$（万元）。

其次，如果企业欲通过提高售价达到增加效益的目的，当增值率略高于20%时，即应适用"增值率"在50%以下，税率为30%的规定。假定此时的售价为（256.96 + Y）万元。

由于售价的提高（数额为Y万元），相应的销售税金及附加和允许扣除

项目金额都应提高 5.5% Y，这时允许扣除项目的金额 = 214.13 + 5.5% Y

增值额 = 256.96 + Y - （214.13 + 5.5% Y）

化简后增值额的计算公式：

94.5% Y + 42.83

所以，应纳土地增值税：

30% × （94.5% Y + 42.83）

若企业欲使提价带来的效益超过因突破起征点而新增加的税收，就必须使 Y > 30% × （94.5% Y + 42.83）

即 Y > 17.93

这就是说，如果想通过提高售价获取更大的收益，就必须使价格高于 256.96 + 17.93 = 274.89（万元）。

通过以上两个方面的分析可知，转让地产的企业，当除去销售税金及附加后的全部允许扣除项目金额为 200 万元时，将售价定为 256.96 万元是该纳税人可以享受起征点照顾的最高价位。

在这一价格水平下，既可享受起征点的照顾又可获得较大的收益。如果售价低于此数，虽能享受起征点的照顾，却只能获取较低的收益，如欲提高售价，则必须使价格高于 274.89 万元，否则，价格提高带来的收益，将不足以弥补价格提高所带来的税收负担。

（二）收入分散节税设计

对于包含装修和相关设备的房屋，可以考虑将合同分两次签订。首先和购买者签订毛坯房销售合同，随后和购买者签订设备安装以及装修合同。经过这样处理，房地产企业仅就毛坯房销售合同缴纳土地增值税，从而达到节税的目的。

（三）选择适当的利息扣除方法

企业在进行地产开发业务过程中，一般都会因借款产生大量利息费用，计算土地增值税时，利息费用的不同扣除方法也会对应纳税所得额产生很大影响。企业的利息费用在计算土地增值税时有两种扣除率，即 5% 或 10%。

企业在对地产开发项目进行预算时，如预计该项目在开发过程中主要依靠借款筹资，借款的利息超过开发成本和土地价款合计的 5% 时，应对利息支出进行详细记录，以便在转让房地产时计算分摊利息支出。此外，应注意要取得银行贷款利息结算清单等贷款的证明资料，以使利息支出能够作为单独扣除项目。相反，预计开发过程中借款不多，利息费用率较低，预计不会超过土地价款和开发成本合计的 5% 时，企业可选择不将利息费用作为单独扣除项目据实扣除。

节 税 锦 言

　　企业在选择是否将利息支出作为单独扣除项目据实扣除时，应根据具体情况从多方面加以考虑。如：企业开发房地产发生借款利息多少；企业是以权益筹资方式为主还是以借款筹资方式为主；相关证明文件取得的难易程度；企业所在地规定的开发费用扣除的具体比例（该比例不是一定的，税法规定计算开发费用扣除率的比例，由各省、自治区、直辖市人民政府规定）。还应明确，企业超过贷款期限部分和加罚的利息不允许扣除，企业在安排资金周转时，应按规定使用贷款，尽量避免贷款逾期和罚息发生。

　　【例 8-3】 甲企业开发一处房地产，为取得土地使用权支付 2 000 万元，为开发土地和新建房及配套设施花费 2 400 万元，财务费用中可以按转让地产项目计算分摊的利息支出为 400 万元，不超过商业银行同期同类贷款利率。通过核算可以发现：如果不提供金融机构证明，不将利息支出据实扣除，则该企业能扣除开发费用最高限额为（2 000+2 400）×10%=440 万元；如果提供金融机构证明，将利息费用作为单独项目据实扣除，该企业所能扣除开发费用的最高限额为 400+（2 000+2 400）×5%=620 万元。可见，在这种情况下，该企业将利息支出作为单独扣除项目据实扣除是更有利的选择。

（四）适当捐赠节税法

　　房产的赠与是指房产的原产权所有人，依照法律规定取得土地使用权的土地使用人，将自己所拥有的房产无偿地捐赠给其他人的民事法律行为。对于这种赠与行为，很多国家都开征了赠与税。我国目前还没有开征这种税收，也不对之征收土地增值税。因为按开征土地增值税的三条标准，赠与人捐赠房产是无偿转让，并没有取得收入，因此，不用缴纳土地增值税。

　　但是，这里的仅指以下两种情况。

　　第一种情况是房产所有人、土地使用权所有人将房屋产权、土地使用权赠与直系亲属或承担直接赡养义务人的。

第二种情况是房产所有人、土地使用权所有人通过中国境内非营利性的社会团体、国家机关将房屋产权、土地使用权赠与教育、民政和其他社会福利、公益事业的。

节 税 锦 言

房产所有人、土地使用权所有人将自己房地产进行赠与时，如果不是以上所述两种情况，应该视同有偿转让房地产，应当缴纳土地增值税。因此，当事人在进行时，应当注意自己的捐赠方式，以免捐赠完了之后，自己反而要承担大笔税款。如果当事人确实无法采用以上两种方式，则应充分考虑税收因素对自己及他人的影响。比如，某房地产所有人欲将拥有的房地产赠与一位好朋友，则可以考虑让受赠人支付税款，也可以采用隐性赠与法，即让该好友实际占有使用该房地产，而不办理房地产权转移登记手续。